“十三五”
国家重点出版物出版规划项目

ISCRI
INTERNATIONAL SMART CITY RESEARCH INSTITUTE
中国生产力促进中心协会
国际智慧城市研究院

智慧城市实践系列丛书

智慧工业实践

SMART INDUSTRY PRACTICE

主 编 江 勇 张 恒
副主编 王剑华 李建琪

人 民 邮 电 出 版 社
北 京

图书在版编目（CIP）数据

智慧工业实践 / 江勇，张恒主编. -- 北京 : 人民邮电出版社，2021.2
（智慧城市实践系列丛书）
ISBN 978-7-115-54471-1

Ⅰ. ①智… Ⅱ. ①江… ②张… Ⅲ. ①互联网络—应用—工业发展 Ⅳ. ①F403-39

中国版本图书馆CIP数据核字(2020)第130350号

内 容 提 要

本书共分三篇：第一篇为理论篇，主要内容包括智慧（能）工业概述、智慧工业的支撑技术；第二篇为路径篇，主要介绍了工业物联网、工业互联网、工业大数据、智慧工厂的建设；第三篇为案例篇，通过两个案例从实践角度介绍了智慧工业的应用情况。

本书把智慧工业的理论和实践通过流程、图表等形式呈现，力求通俗易懂，便于读者快速掌握重点。本书适合作为智慧工业建设的相关人员、智慧工业建设企业及方案提供商、设备供应商的指导手册；也适合作为智慧工业的研究者、相关专业的大学本专科学生及研究生了解智慧工业的通俗读物。

◆ 主　　编　江　勇　张　恒
副 主 编　王剑华　李建琪
责任编辑　贾朔荣
责任印制　彭志环

◆ 人民邮电出版社出版发行　　北京市丰台区成寿寺路 11 号
邮编　100164　　电子邮件　315@ptpress.com.cn
网址　https://www.ptpress.com.cn
三河市中晟雅豪印务有限公司印刷

◆ 开本：700×1000　1/16
印张：14　　2021 年 2 月第 1 版
字数：280 千字　　2021 年 2 月河北第 1 次印刷

定价：98.00 元

读者服务热线：（010）81055493　印装质量热线：（010）81055316
反盗版热线：（010）81055315
广告经营许可证：京东市监广登字 20170147 号

申长江	中国生产力促进中心协会常务副理事长、秘书长
聂梅生	全联房地产商会创会会长
郑效敏	中华环保联合会粤港澳大湾区工作机构主任
乔恒利	深圳市建筑工务署署长
杜灿生	天安数码城集团总裁
陶一桃	深圳大学一带一路国际合作发展（深圳）研究院院长
曲　建	中国（深圳）综合开发研究院副院长
胡　芳	华为技术有限公司中国区智慧城市业务总裁
邹　超	中国建筑第四工程局有限公司副总经理
张　嘉	中国建筑第四工程局有限公司海外部副总经理
张运平	华润置地润地康养（深圳）产业发展有限公司常务副总经理
熊勇军	中铁十局集团城市轨道交通工程有限公司总经理
孔　鹏	清华大学建筑学院可持续住区研究中心（CSC）主任
熊　榆	英国萨里大学商学院讲席教授
林　焘	哈尔滨工业大学材料基因与大数据研究院副院长
张　玲	哈尔滨工程大学出版社社长兼深圳海洋研究院筹建办主任
吕　珍	粤阳投资控股（深圳）有限责任公司董事长

序言1

中国生产力促进中心协会策划、组织编写了“智慧城市实践系列丛书”（以下简称“丛书”），“丛书”入选了“十三五”国家重点出版物出版规划项目，这是一件很有价值和意义的好事。

智慧城市的建设和发展是我国的国家战略。国家“十三五”规划指出：“要发展一批中心城市，强化区域服务功能，支持绿色城市、智慧城市、森林城市建设和城际基础设施互联互通。”中共中央、国务院印发的《国家新型城镇化规划（2014—2020年）》以及国家发展和改革委员会、工业和信息化部、科技部等八部委印发的《关于促进智慧城市健康发展的指导意见》均体现出中国政府对智慧城市建设和发展在政策层面的支持。

“丛书”聚合了国内外大量的智慧城市建设与智慧产业案例，由中国生产力促进中心协会等机构组织国内外近300位来自高校、研究机构、企业的专家共同编撰。“丛书”注重智慧城市与智慧产业的顶层设计研究，注重实践案例的剖析和应用分析，注重国内外智慧城市建设与智慧产业发展成果的比较和应用参考。“丛书”还注重介绍相关领域新的管理经验并编制了前沿性的分类评价体系，这是一次大胆的尝试和有益的探索。“丛书”是一套全面、系统地诠释智慧城市建设与智慧产业发展的图书。我期望这套“丛书”的出版可以对推进中国智慧城市建设和智慧产业发展、促进智慧城市领域的国际交流、切实推进行业研究以及指导实践起到积极的作用。

中国生产力促进中心协会以“丛书”的编撰为基础，专门搭建了“智慧城市研究院”平台，将智慧城市建设与智慧产业发展的专家资源聚集在平台上，持续推动对智慧城市建设与智慧产业发展的研究，为社会不断贡献成果，这是一件十分值得鼓励的好事。我期望中国生产力促进中心协会通过持续不断的努力，将该平台建设成为在中国具有广泛影响力的智慧城市研究和实践的智库平台。

“城市让生活更美好，智慧让城市更幸福”，期望“丛书”的编著者“不忘初心，以人为本”，坚守严谨、求实、高效和前瞻的原则，在智慧城市的规划建设实践中，不断总结经验，坚持真理，修正错误，进一步完善“丛书”的内容，努力扩大其影响力，为中国智慧城市建设及智慧产业发展贡献力量，也为“中国梦”增添一抹亮丽的色彩。

中国科学院院士
科技部原部长　　徐冠华

序言2

中国正成为世界经济中的技术和生态方面的领导者。中国的领导人以极其睿智的目光和思想布局着全球发展战略。“智慧城市实践系列丛书”（以下简称“丛书”）以中国“十三五”规划的重点研究成果的方式出版，这项工程填补了世界范围内的智慧城市研究的空白，也是探索和指导智慧城市与产业实践的一个先导行动。“丛书”的出版体现了编著者、中国生产力促进中心协会以及国际智慧城市研究院的智慧。

中国为了保持在国际市场的蓬勃发展和竞争能力，必须加快步伐跟上这场席卷全球的行动。这一行动便是被称作“智慧城市进化”的行动。中国政府和技术研发与实践者已经开始了有关城市的变革，不然就有落后于其他国家的风险。

发展中国智慧城市的目的是促进经济发展，改善环境质量和民众的生活质量。建设智慧城市的目标只有通过建立适当的基础设施才能实现。基础设施的建设可基于“融合和替代”的解决方案。

中国成为智慧国家的一个重要条件是加大国有与私有企业之间的合作。两者都须有共同的目标，以减少碳排放。一旦合作成功，民众的生活质量和幸福程度将得到很大的提升。

我对“丛书”的编著者极为赞赏，他们包括国际智慧城市研究院院长吴红辉先生及其团队、中国生产力促进中心协会的隆晨先生。通过“丛书”的发行，所有的城市都将拥有一套协同工作的基础，从而实现更低的碳排放、更低的基础设施总成本以及更低的能源消耗，拥有更清洁的环境。更重要的是，“丛书”还将成为智慧产业及技术发展可参考的理论依据以及从业者可以借鉴的范本。

未来，中国将跨越经济、环境和社会的界限，成为一个智慧国家。

上述努力会让中国以一种更完善的方式发展，最终的结果是国家不断繁荣，中国民众的生活水平不断提升。中国将是世界上所有追求更美好生活的国家所参照的“灯塔”。

迈克尔·侯德曼

ISO/IEC/IEEE – 21451 标准工作组成员
UPnP+ – IoT, 云和数据模型特别工作组成员
SRII – 全球领导力董事会成员
IPC–2–17– 数据连接工厂委员会成员
CYTIOT 公司创始人
美国 Prasaga 公司首席执行官

序言3

随着全球化的发展，新一代人工智能、5G、区块链、大数据、云计算、物联网等技术正改变着我们的工作及生活方式，大量的智能终端已应用于人类社会的各个场景。虽然“智慧城市”的概念提出已有很多年，但作为城市发展的未来形式，“智慧城市”面临的问题仍然不少，最重要的是，我们如何将这种新技术与人类社会实际场景有效地结合起来。

从传统理解上看，人们认为利用数字化技术解决公共问题是政府机构或者公共部门的责任，但实际情况并不尽然。虽然政府机构及公共部门是近七成智慧化应用的真正拥有者，但这些应用近六成的原始投资来源于企业或私营部门，可见，地方政府完全不需要自己主导提供每一种应用和服务。目前，许多城市采用了构建系统生态的方法，通过政府引导以及企业或私营部门合作投资的方式，共同开发智慧化应用创新解决方案。

打造智慧城市最重要的动力来自政府管理者的强大意愿，政府和公共部门可以思考在哪些领域适当地留出空间，为企业或其他私营部门提供创新的余地。合作方越多，应用的使用范围就越广，数据的使用也会更有创意，从而带来更高的效益。

与此同时，智慧解决方案也正悄然地改变着城市基础设施运行的经济模式，促使管理部门对包括政务、民生、环境、公共安全、城市交通、废弃物管理等在内的城市基本服务提供方式进行重新思考。对企业而言，打造智慧城市无疑为其创造了新的机遇。因此，很多城市的多个行业已经逐步开始实施智慧化的解决方案，变革现有的产品和服务方式。比如，药店连锁企业开始变身成为远程医药提供商，而房地产开发商开始将自动化系统、传感器、出行方案等整合到其物业管理系统中，形成智慧社区。

未来的城市

智慧城市将基础设施和新技术结合在一起，以改善人们的生活质量，并加强人们与城市环境的互动。但是，如何整合与有效利用公共交通、空气质量和能源生产等数据以使城市更高效有序地运行呢？

5G 时代的到来，高带宽与物联网（IoT）的融合，都将为城市运行提供更好的解决方案。作为智慧技术之一，物联网使各种对象和实体能够通过互联网相互通信。通过创建能够进行智能交互的对象网络，各行业开启了广泛的技术创新，这有助于改善政务、民生、环境、公共安全、城市交通、能源、废弃物管理等方面的状况。

通过提供更多能够跨平台通信的技术，物联网可以生成更多数据，有助于日常生活各个方面的改善。

效率和灵活性

通过建设公共基础设施，智慧城市助力城市高效运行。巴塞罗那通过在整座城市实施的光纤网络中采用智能技术，提供支持物联网的免费高速 Wi-Fi。通过整合智慧水务、照明和停车管理，巴塞罗那节省了 7500 万欧元的城市资金，并在智慧技术领域创造了 47000 个新的工作岗位。

荷兰已在阿姆斯特丹测试了基于物联网的基础设施的使用情况，其基础设施根据实时数据监测和调整交通流量、能源使用和公共安全情况。与此同时，在美国，波士顿和巴尔的摩等主要城市已经部署了智能垃圾桶，这些垃圾桶可以提示可填充的程度，并为卫生工作者确定最有效的路线。

物联网为愿意实施智慧技术的城市带来了机遇，大大提高了城市的运营效率。此外，各高校也在最大限度地发挥综合智能技术的影响力。大学本质上是一座“微型城市”，通常拥有自己的交通系统、小企业以及学生，这使其成为完美的试验场。智慧教育将极大地提高学校老师与学生的互动能力、学校的管理者与教师的互动效率，并增强学生与校园基础设施互动的友好性。在校园里，您的手机或智能手表可以提醒您课程的情况以及如何到达教室，为您提供有关从图书馆所借图书到期的最新信息，并对逾期提前告知。虽然与全球各个城市实践相比，这些似乎只是些小改进，但它们可以帮助需要智慧化建设的城市形成未来发展的蓝图。

未来的发展

随着智慧技术的不断发展和城市中心的扩展，两者的联系将更加紧密。例如，美国、日本、英国都计划将智慧技术整合到未来的城市开发中，并使用大数据技术来完善、升级国家的基础设施。

非常欣喜地看到，来自中国的智慧城市研究团队在吴红辉院长的带领下正不断努力，总结各行业的智慧化应用，为未来智慧城市的发展提供经验。非常感谢他们卓有成效的努力，希望智慧城市的发展，为我们带来更低碳、安全、便利、友好的生活模式！

中村修二　2014 年诺贝尔物理学奖得主

Preface
前 言

随着信息化水平的不断提升，以智能制造为主导的第四次工业革命正在各国掀起变革浪潮，工业互联网、工业 4.0、智能制造等都成为大家广泛关注的热点话题，新一代信息技术与制造业的深度融合正在引发生产方式、产业形态、商业模式和经济增长点的重大变革，“制造”正在向“智造”转变。

当前的制造业利用智能技术和网络空间进行全方位的改造。最典型的特征就是把网络所创造的知识空间和工业所创造的机器空间、企业空间、生产线空间高度融合在一起。当网络融入工业体系时，整个工业体系都可以感知用户的需求、市场变化以及整个生产过程中的物流，这让我们的生产、制造都更加科学智慧。所以，未来我们的工业将走入一个智能发展的新阶段。

工业自动化逐渐成熟后，工业机器人、自动化生产等不再是唯一实现智能制造的途径，而大数据、物联网、云计算、人工智能等新技术成为新的增长点。

智能制造将物联网、大数据、云计算等新一代信息技术与设计、生产、管理、服务等制造活动的各个环节融合，以智能工厂为载体，采用“物理工厂 + 虚拟工厂”的形式，实现了产业的智造升级。

我国的《智能制造发展规划（2016—2020 年）》提出，“智能制造”是基于新一代信息通信技术与先进制造技术的深度融合，贯穿设计、生产、管理、服务等制造活动的各个环节，具有自感知、自学习、自决策、自执行、自适应等功能的新兴生产方式。只有把新一代人工智能、信息通信技术与工业制造技术进行更为深度的融合，才能使智能制造更为智能。

《智慧工业实践》一书作为“智慧城市实践系列丛书”的分册之一，遵循“科普性、前瞻性、权威性、实操性、人文性”原则。希望通过阅读本书：智慧工业建设的管理者能系统全局了解如何进行智慧工业建设的架构设计、系统规划、实现途径；智慧工业建设企业及方案提供商、设备供应商的管理者可以更系统地了解智慧工业建设的各个方面以及如何落实实际应用，最有效地实施智慧工业的规划；智慧工业的研究者可以系统地了解智慧工业建设的最新实践成果；智慧工业相关专业的大学生、研究生可以系统学习智慧工业的知识体系及目前国内外智慧工业应用的最新动态。希望读者掩卷之余能切身体会智慧工业建设构成的方方面面和国内外智慧工业的建设成果，以及我国在智慧工业领域的努力方向及建设思路。

本书在编辑整理的过程中，获得了智慧工业方案提供商、设备供应商等一线工作人员的帮助和支持，在此对他们付出的努力表示感谢！同时，由于编者水平有限，错误疏漏之处在所难免，敬请读者批评指正。

Contents
目 录

第一篇 理论篇

第二篇 路径篇

第三篇　案例篇

第一篇

理　论　篇

第1章

智慧（能）工业概述

随着信息化水平的不断提升，以智能制造为主导的第四次工业革命正在各国掀起变革浪潮，工业互联网、工业 4.0、智能制造等都成为大家广泛关注的热点话题，新一代信息技术与制造业的深度融合正在引发生产方式、产业形态、商业模式和经济增长点的重大变革，“制造”正在向“智造”转变。

1.1 从工业1.0到工业4.0

1.1.1 工业 1.0 到工业 4.0 的发展历程

工业 1.0 到工业 4.0 的发展历程如图 1–1 所示。

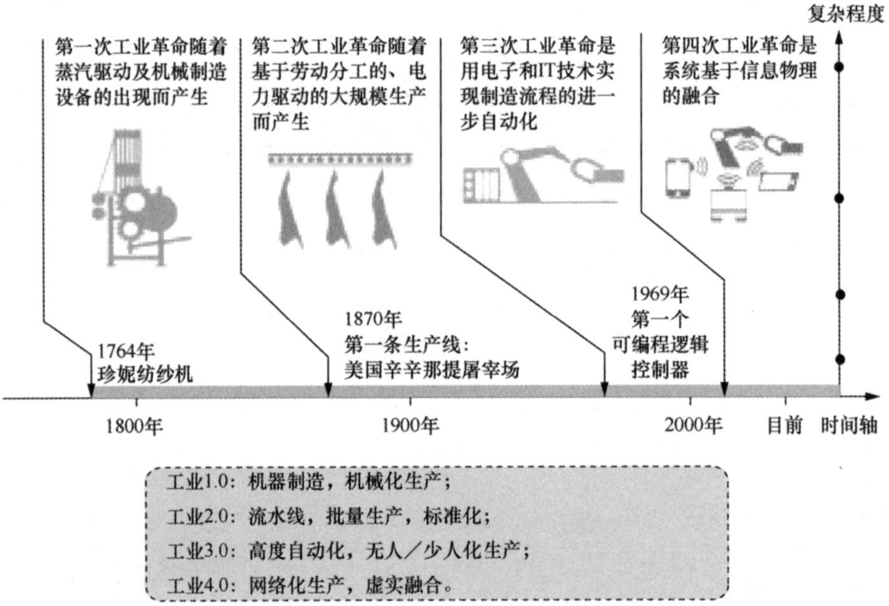

图1–1 工业1.0到工业4.0的发展历程

1. 工业 1.0（第一次工业革命）

第一次技术革命又被称为蒸汽技术革命。它是 18 世纪 60 年代从英国发起的技术革命，也是技术发展史上的一次革命，开创了以机器代替手工劳动的时代。这场革命以工作机的诞生为开始，以蒸汽机作为动力机被广泛使用为标志。这一次技术革命和与之相关的生产方式的变革被称为第一次工业革命，全世界自此进入工业 1.0 时代。纺织、冶铁、交通运输等行业得到发展，轻工业化特征明显。

2. 工业 2.0（第二次工业革命）

第二次技术革命又被称为电力技术革命。1831 年，英国科学家法拉第发现了电磁感应现象，提出了发电机的理论基础。19 世纪 60 ～ 70 年代，电灯、电报、电话、发电机、内燃机等一系列电气发明相继问世。电力作为一种优良而价廉的新能源被人们广泛应用。人类从“蒸汽时代”跨入了“电气时代”。第二次技术革命和与之相关的生产方式的变革被称为第二次工业革命，全世界自此进入工业 2.0 时代。汽车、石油、钢铁等重化工行业得到迅速发展。

3. 工业 3.0（第三次工业革命）

第三次技术革命又被称为原子能、计算机与空间技术革命。1945 年，原子能技术被逐渐运用于工业，特别是核能发电。20 世纪 40 年代后期的电子管计算机为第一代计算机，该计算机的面世开创了电子信息时代。电子计算机的广泛应用使得生产自动化人工合成材料、分子生物学和遗传工程等高新技术的出现，推动了医药、材料、航空航天等行业的发展。第三次技术革命开启了工业 3.0 时代，但由于生产方式没有出现明显变化，也有人认为第三次工业革命并未发生。

三次技术革命的对比见表 1-1。

表1-1　三次技术革命的对比

	第一次	第二次	第三次
时间	18世纪60年代	18世纪60～70年代	20世纪40～50年代
理论	牛顿力学	电磁学	爱因斯坦相对论
标志	蒸汽机	电力和内燃机	原子能、计算机、航天技术、生物工程等
时代	蒸汽时代	电气时代	电子信息时代

4. 工业 4.0（第四次工业 + 科技革命）

第四次工业 + 科技革命也被称为信息物理融合技术的革命。

前三次工业革命使人类发展进入了空前繁荣的时代，与此同时，也造成了巨大的能源、资源的消耗，人类付出了巨大的环境代价、生态成本，人与自然之间的矛盾急剧加大。进入 21 世纪，人类面临空前的全球能源与资源危机、全球生态与环境危机、全球气候变化危机等多重挑战，由此引发了第四次工业 + 科技革命——绿色工业革命。

互联网、物联网、3D 打印的出现标志着第四次工业 + 科技革命的开始。

互联网是在美国国防部研究计划署的阿帕网基础上发展而来的。随着互联网的商业化发展，人类进入了互联网浪潮时代。互联网对人类的生产、生活产生了全面的影响。物联网（Internet of Things，IoT）是利用互联网等通信技术，形成人与物、物与物相联的智能化网络。3D 打印是一种以数字模型文件为基础，运用粉末状金属或塑料等可粘合材料，通过逐层打印的方式来构造物体的技术。

第四次工业 + 科技革命开启了工业 4.0 时代。

工业 4.0 最初由德国提出，并在 2013 年 4 月的汉诺威工业博览会上被正式推出，德国推出工业 4.0 的目的是为了提高德国工业的竞争力，并在新一轮的工业革命中占领先机。该战略已经得到德国科研机构和产业界的广泛认同，德国弗劳恩霍夫协会将在其下属的 6 ～ 7 个生产领域的研究所中引入工业 4.0 的概念，西门子公司已经开始将这一概念引入其工业软件开发和生产控制系统中。工业 4.0 迅速成为德国的另一个标签，并在全球范围内引发了新一轮的工业转型竞赛。

德国学术界和产业界认为，工业 4.0 是以智能制造为主导的第四次工业革命，或革命性的生产方法。该战略旨在通过充分利用信息通信技术和网络空间虚拟系统，即信息物理系统相结合的手段，将制造业向智能化方向转型。

1.1.2 工业 4.0 的内涵

1. 工业 4.0 的三大主题

工业 4.0 项目主要分为三大主题。

（1）智能工厂

智能工厂重点研究智能化生产系统及其生产流程。基于云安全网络的智能工厂生产流程如图 1-2 所示。

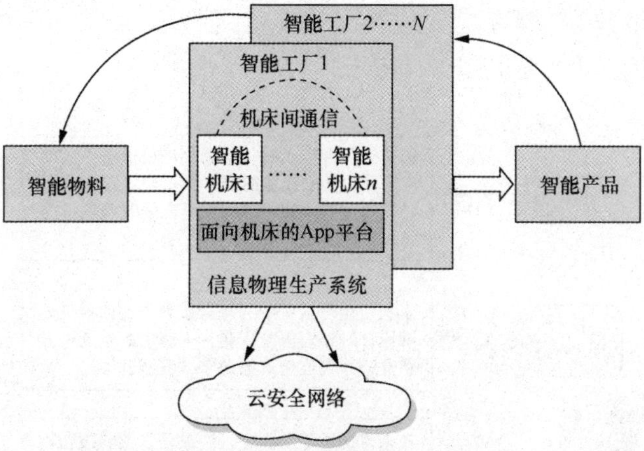

图1–2　基于云安全网络的智能工厂的生产流程

（2）智能生产

智能生产主要涉及整个企业的生产物流管理、人机互动、机器人以及 3D 打印技术及其在工业生产过程中的应用等。机器人的工作原理如图 1–3 所示。

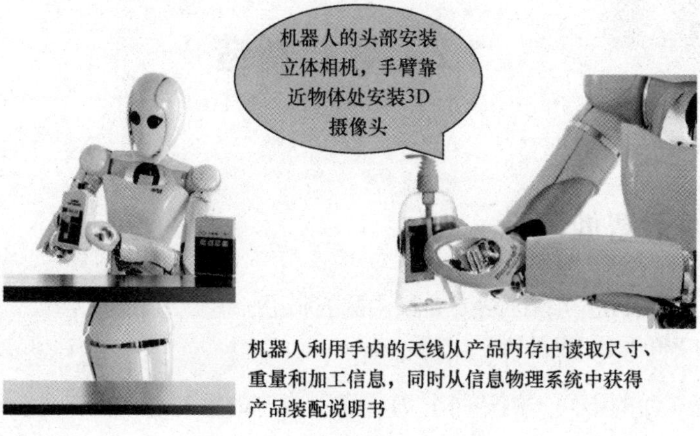

图1–3　机器人的工作原理

（3）智能物流

智能物流主要通过互联网和物联网整合物流资源，充分发挥现有物流资源供应方的作用，而需求方则能够快速获得服务匹配，并得到物流支持。

2. 工业 4.0 的三大趋势

工业 4.0 的三大趋势如图 1-4 所示。

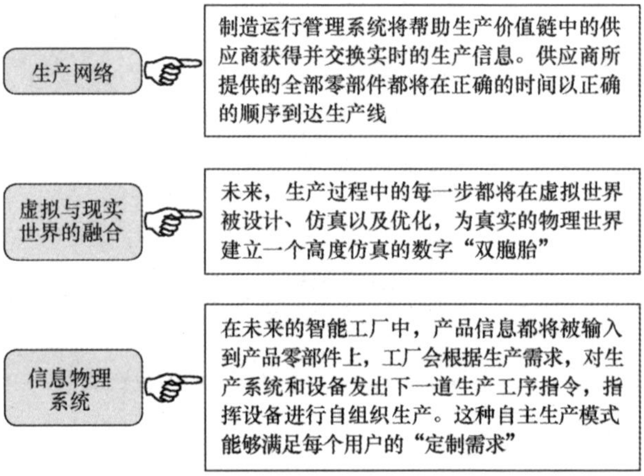

图1-4　工业4.0的三大趋势

1.2　智能制造

1.2.1　何谓智能制造

我们可以从制造和智能两方面解读智能制造。

制造是指对原材料进行加工或再加工，以及装配零部件的过程。通常，按照生产方式连续性的不同，制造可分为流程制造与离散制造（也有离散和流程混合的生产方式）。

智能由“智慧”和“能力”两个词语构成。从感觉到记忆再到思维的过程被称为“智慧”，智慧的结果产生了行为和语言，行为和语言的表达过程被称为“能力”，两者合称为“智能”。因此，我们将感觉、记忆、回忆、思维、语言、行为的整个过程称为智能过程，它是智慧和能力的表现。

智能制造是新工业革命的核心，它并不仅仅是提高设备的效率和精度，而是更加合理化和智能化地使用设备，通过智能运维实现制造业的价值最大化。智能制造聚焦生产领域，是一次全流程、端到端的转型过程，会使研发、生产、产品、渠道、销售、客户管理等一整条生态链为之发生剧变。对工业企业来说，生产企业和工厂依然可以以规模化、标准化、自动化为基础，但智能制造被赋予了柔性化、定制化、可视化、低碳化的新特性。对商业模式而言，其也会出现颠覆性的变化，生产者影响消费者的模式被消费者需求决定产品的生产模式取代。国家层面则需要建立一张比消费互联网更加安全可靠的工业互联网。

智能制造包含产品智能化、装备智能化、生产方式智能化、管理智能化、服务智能化、制造个性化、制造分散化、制造资源云化这 8 个方面。

1. 产品智能化

新一轮的信息技术革命为产品创新提供了更大的空间，几乎所有的产品都在走向智能化。在智能化网络互联的基础上，互联的智能产品将为社会和人类生活提供更好的服务。

产品智能化是指传感器、处理器、存储器、通信模块、传输系统与各种产品相融合，使产品具备动态存储、感知和通信的能力，从而实现产品可追溯、可识别、可定位，具体如图 1-5 所示。计算机、智能手机、智能电视、智能机器人、智能穿戴设备都是物联网的“原住民”，这些产品是网络终端。而传统的空调、冰箱、汽车、机床等都是“移民”在物联网的，未来，这些产品都需要与网络联接。

2. 装备智能化

先进制造、信息处理、人工智能等技术的集成和融合可以形成具有感知、分析、推理、决策、执行、自主学习及维护等自组织、自适应功能的智能生产系统以及网络化、协同化的生产设施，这些都属于智能装备，如图 1-6 所示。单纯的研发和生产端的改造不是智能制造的全部，基于渠道和消费者洞察的前端改造也是重要的一环。两者相互结合、相辅相成才能完成端到端的全链条设备的智能化改造。

3. 生产方式智能化

智能生产的侧重点是将人机互动、3D 打印等先进技术应用于整个工业生产过程，并对整个生产流程进行监控和数据采集，从而形成高度灵活、个性化、网络化的产业链。

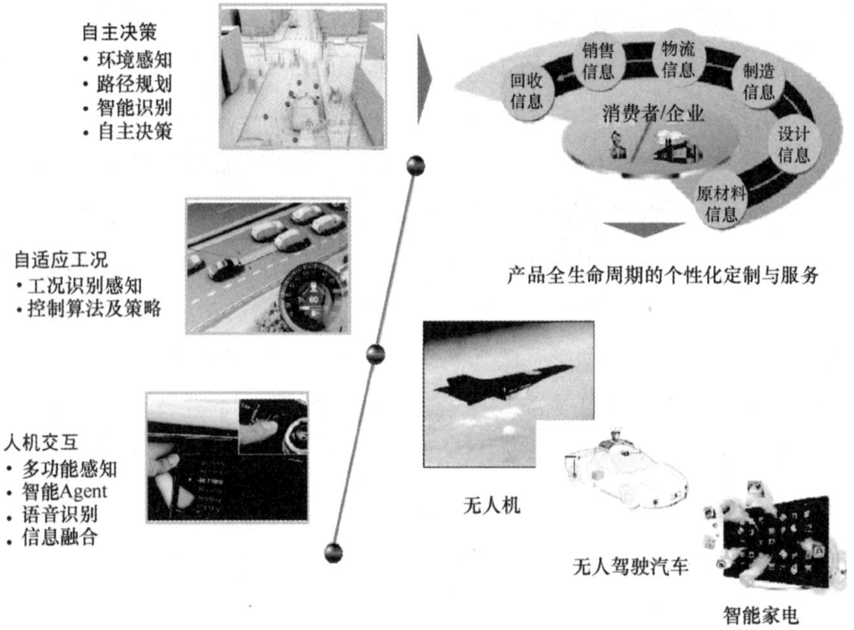

图1-5　产品智能化

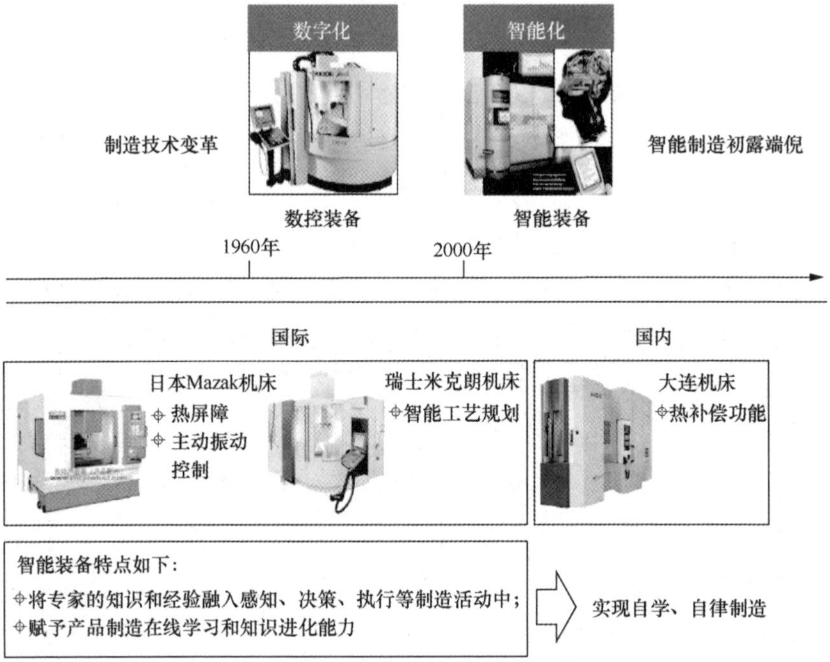

图1-6　装备智能化

（1）人机交互

人机交互是指人与计算机之间使用某种对话语言，以特定的交互方式，为完成既定任务进行信息交换的过程。

人机交互是一门研究系统与用户间交互关系的学科。系统可以是各种各样的机器，也可以是计算机化的系统和软件。人机交互界面通常指用户可见的部分。用户通过人机交互界面与系统交流，并进行操作。

人与机器的信息交换方式会随着技术融合步伐的加快向更高层次迈进，新型的人机交互方式被逐渐应用于生产制造领域，具体表现在智能交互设备的柔性化和智能交互设备在工业领域的应用两个方面。在生产过程中，智能制造系统可独立承担分析、判断、决策等任务，突出人在制造系统中的核心地位，同时在工业机器人等智能设备的配合下，更好地发挥人的潜能。

（2）3D 打印

3D 打印是一项颠覆性的创新技术。制造业的全流程都可以引入 3D 打印技术，达到节省成本、加快进度、减少材料浪费的目的。在设计环节，借助 3D 打印技术，设计师能够获得更大的自由度和创意空间，可以专注产品形态创意和功能创新等方面，而不必考虑产品形状复杂度对设计的影响，因为 3D 打印可以完成大部分物品的形状构建。在生产环节，借助 3D 打印技术，制造厂商可以直接将数字化模型转换生成零部件，不再需要专门的模具制作等工序，既节省了成本，又加快了产品上市进程。此外，传统制造工艺在铸造、抛光和组装部件的过程中通常会产生废料，而相同部件使用 3D 打印技术生成时则可以一次性成形，基本不会产生废料。在分销环节，3D 打印技术可能会挑战现有的物流分销网络。未来，企业使用的零部件不再需要从原厂商采购，企业可以从供应商的在线数据库中下载 3D 打印模型文件，然后在本地快速打印出来。

3D 打印已经形成了一条完整的产业链。产业链的每个环节都聚集了一批领先企业。从全球范围来看，以 Stratasys、3D Systems 为代表的设备企业在产业链中占据了主导地位，且这些企业通常能够提供材料和打印服务业务，具有较强的话语权。

4. 管理智能化

随着纵向集成、横向集成和端到端集成的不断深入，企业数据的及时性、完整性、准确性不断提高，这必然使车间、工厂、供应链的管理更加准确、高效和科学，具体如图 1-7、图 1-8 和图 1-9 所示。

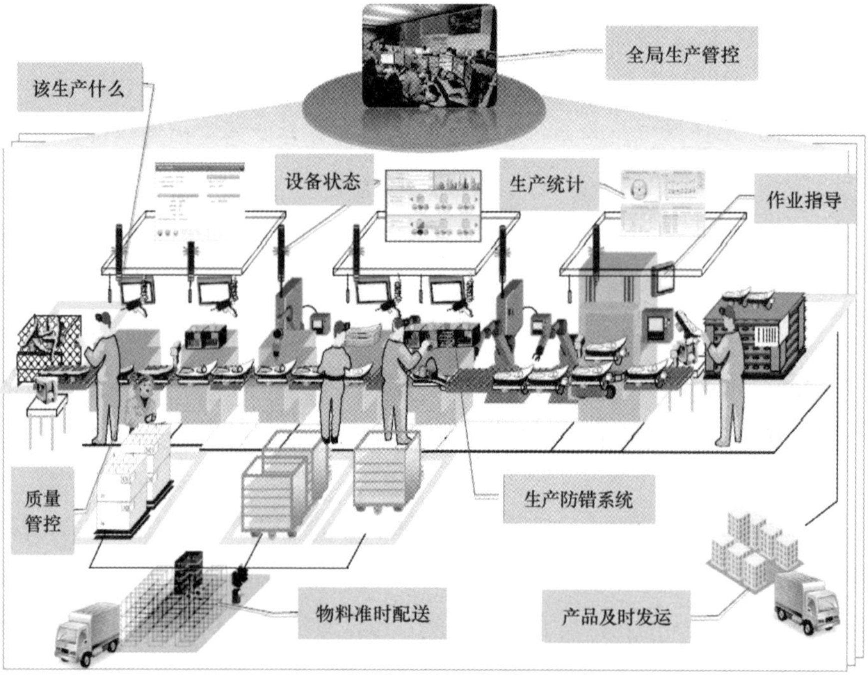

图1-7　车间管理智能化

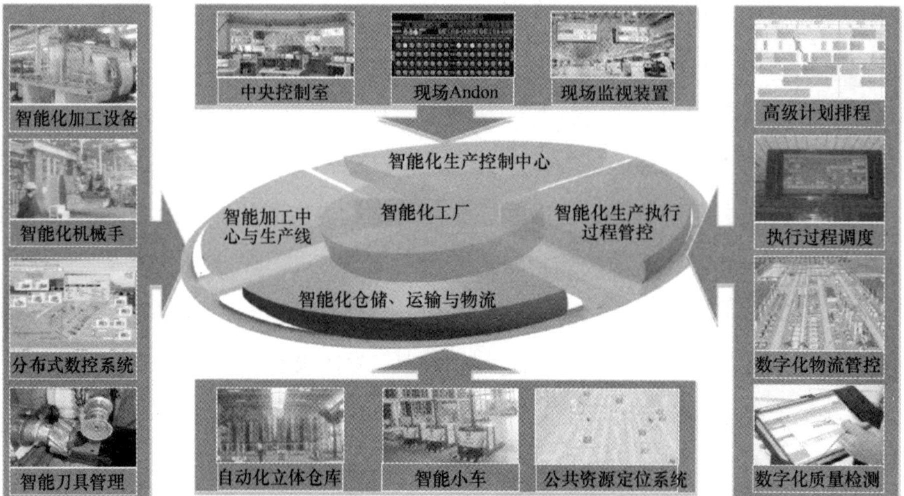

注：Andon也称为暗灯，是一个声光多媒体多重自动化控制系统。

图1-8　工厂管理智能化

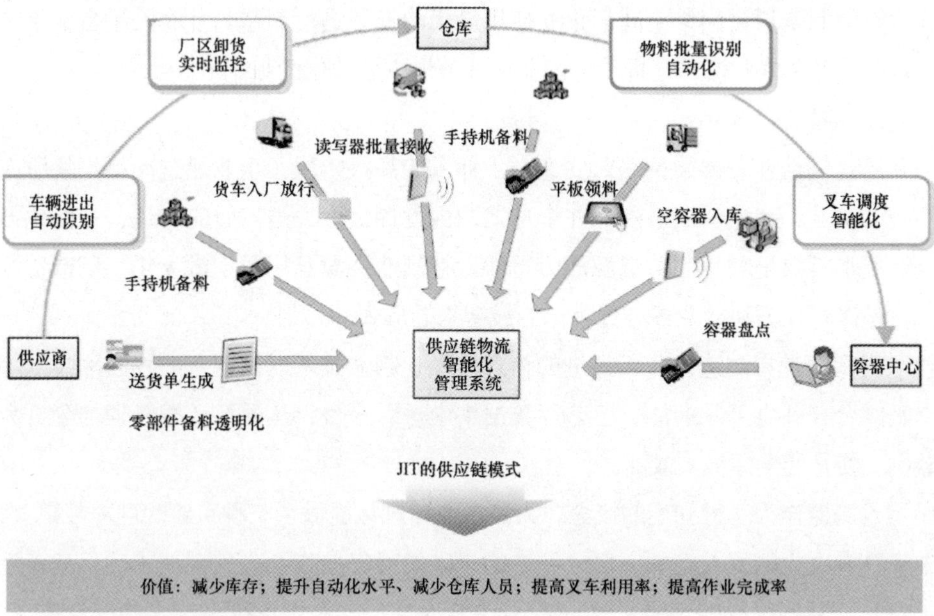

注：JIT（Just In Time，准时制生产方式）。

图1-9　供应链管理智能化

5. 服务智能化

传统的工业体系主要关注产品的生产阶段，互联网时代则不仅关注产品的生产，更关注产品的使用和服务。企业通过网络实现对产品使用服务全生命周期的支撑、远程健康管理、诊断运营服务，从而带来全新的运营方式。国内很多的企业，例如，海尔等大型的制造企业都在开展产品全生命周期服务。

6. 制造个性化

基于网络，制造业必然走向个性化发展，传统的以生产为中心的模式必然造成产品过剩。互联网时代的智能生产是用户的需求和生产紧密融合而产生的，通过网络融合，企业既可实现个性化定制，又可实现大规模生产。企业通过网上的订单、网络的智能分析和分解，在全球范围内进行资源的组织和配置，实现即时定制，从而实现从生产向服务、用户直接驱动的制造方式和用户体验转变。

7. 制造分散化

制造业未来的发展是走向分散化的。未来，生产制造不是传统的大规模集中式生产，而是通过网络空间汇集、使用最优的资源进行制造。互联网平台汇集了企业的生产要素和资源，推动各产业链环节形成分散化的组织形态。

8. 制造资源云化

这是制造业发展到网络云制造、工业云的高级阶段。企业通过网络汇集所有的制造资源，使这些制造资源在全球范围内发挥最大、最有效的作用，从而使得企业更加有效地利用制造资源成为可能。把制造资源利用效率最大化、制造资源云化是提升我国制造业核心竞争力的最智慧的形式。

云制造是指制造企业将先进的信息技术、制造技术以及新兴的物联网技术等交叉融合，并将工厂产能、工艺等数据集中于云平台，从而在云端管理与分析大数据，使企业发挥最大效能。

云制造作为一种初生的概念，为制造业信息化提供了一种崭新的理念与模式，未来具有巨大的发展空间。但云制造的未来发展仍面临众多关键技术的挑战，除了对云计算、物联网、语义 Web、高性能计算、嵌入式系统等技术的综合集成，基于知识的制造资源云端化、制造云管理引擎、云制造应用协同、云制造可视化与用户界面等技术均是未来需要攻克的重要技术。

1.2.2 智能制造的发展

智能制造经历了两代的发展。

1. 第一代智能制造

日本于 1989 年提出智能制造系统（Intelligent Manufacturing Systems，IMS），并于 1994 年启动了 IMS 合作研究项目；美国于 1992 年大力支持包括信息技术、新型制造工艺和智能制造技术在内的关键重大技术；欧盟于 1994 年启动新的研发项目，选择了 39 项核心技术，其中，信息技术、分子生物学和先进制造技术中均突出了智能制造技术的地位；我国对智能制造的研究与其他国家基本同步，在专家系统、模式识别、机器人等技术方面取得了一定成果。

第一代智能制造是指基于符号的智能制造，主要表现形式为“专家系统”，该系统应用了当时较早的人工智能（Artificial Intelligence，AI）技术来实现生产过程的智能化（如生产调度、在线监测、故障诊断、远程监控等），增强了制造系统的自动化和柔性化，具体如下。

① 基于规则的专家系统：采用“IF-THEN 规则（即不必产生决策树）”的 AI 技术，利用人类专家的知识与经验，形成可指导生产的知识系统，解决需要人类专家处理的复杂问题，以实现智能决策。

② 基于模糊理论的专家系统：采用“模糊理论”的 AI 技术，把知识表达从传统的确定性拓展到模糊性，利用可能性理论来解决含有模糊性的生产问题。

③ 基于神经网络的专家系统：采用“人工神经网络”的 AI 技术，引入连接主义的思想，把知识表达从显式拓展到隐式，并可通过预测来指导生产。

④ 基于框架的专家系统：采用“框架知识表达”的 AI 技术，通过框架管理和应用知识，拓展了传统专家系统的知识表达和利用方式。

⑤ 基于案例的专家系统：采用“经验知识推理”的 AI 技术，通过案例分析学习，自动处理新案例，使知识得以传承，也使专家系统具备一定的学习能力。

⑥ 基于 Agent（在分布计算领域，人们通常把在分布式系统中持续自主发挥作用的，具有自主性、交互性、反应性、主动性特征的计算实体称为 Agent）的专家系统：采用 Agent 技术，将分布式计算引入制造，实现了多个智能单元联合协调运作，促进了专家系统由集中式向分布式转变。

⑦ 基于 Web 的专家系统：采用 Web 网络技术，通过网络技术促进专家系统向远程分布式转变，更好地实现制造的知识共享和利用。

2. 第二代智能制造

不同于第一代智能制造以符号逻辑推理为基础，第二代智能制造则广泛以物联网、云计算、信息物理系统、社会信息物理系统、大数据和深度学习等新一代信息技术为基础，是面向个性化需求、具有自感知、自学习、自决策、自执行、自适应等特征的新一代智能制造系统。

典型的第二代智能制造案例，如德国提出的智能工厂，该工厂采用的核心技术有物联网、普适计算、监控技术，利用情景感知构建物联网制造工厂，可实现实时访问各种集中的制造信息和分散的制造信息，有效融合传感器信息，监控生产状态，控制生产计划，定位工具或物料位置，减少人工干预，加强信息管理和服务，实现可持续的绿色化生产。

此外，德国提出基于信息物理系统的“工业 4.0”，该系统采用的核心技术有 IoT、云计算、控制技术，且更加强调基于云计算与 IoT 的“控制”。目前，信息物理系统在制造领域的应用刚起步，主要集中在概念化、建模和利用规划等方面。

1.3 未来的智能制造发展方向——智慧工业

我们只有把新一代人工智能、信息通信技术与工业制造技术深度融合，才能使智能制造更为智能。将来的智能制造具备以下几个显著的特性。

1.3.1 泛网络化

尽管网络无处不在，但其各自在传输数据时，各种网络协议各有不同，这严重降低了数据传输、采集、处理与利用的效率，甚至阻碍了智能制造系统的应用与发展。

在将来的智能制造中，工业制造系统会根据不同的网络自动切换协议，整合各类网络资源，形成统一的或者自主的传输协议，以更好地融合知识网、人际网和物联网等，实现智能制造。

1.3.2 认知计算化

在大数据背景下，将来的智能制造可基于深度学习等智能算法处理与利用数据，主动预测生产，控制生产中的各环节；在缺少数据的情况下，智能制造可以通过自主学习，完成生产制造。

面对制造过程中的突发情况，将来的智能制造具有人类思维，会根据实际情况，做出相应的调整，如更换刀具、设备，停工检修等。整个制造系统具有一定的认知能力，可实现自主学习、自主思考、自主决策。

1.3.3 多功能化

智能制造的多功能化展现是指每个领域里的智能制造系统之间可以直接相互交流学习，一个智能制造系统可实现多领域的制造功能，或一个领域的制造系统可直接借助其他领域的制造系统的知识以实现多个领域的制造功能，从而扩大智能制造系统的知识应用领域。

第2章

智慧工业的支撑技术

在工业自动化逐渐成熟后，工业机器人、自动化生产等实体技术不再是唯一实现智能制造的途径，而大数据、物联网、云计算、人工智能等新技术成为新的增长点。

智能制造将物联网、大数据、云计算等新一代信息技术与设计、生产、管理、服务等制造活动的各个环节融合，以智能工厂为载体，采用“物理工厂＋虚拟工厂”的形式，实现产业的智造升级。

2.1 大数据技术

2.1.1 何谓大数据技术

1. 大数据技术的含义

大数据技术的意义不在于掌握庞大的数据信息，而在于对这些含有意义的数据进行专业化处理。换而言之，如果把大数据比作一项产业，那么这项产业实现盈利的关键是提高对数据的“加工能力”，通过“加工”实现数据的“增值”。“大数据”需要新的处理模式才能具有更强的决策力、洞察发现力和流程优化能力，以适应海量的、高增长率的和多样化的信息资产。

2. 大数据技术的特点

大数据技术具有图 2-1 所示的特点。

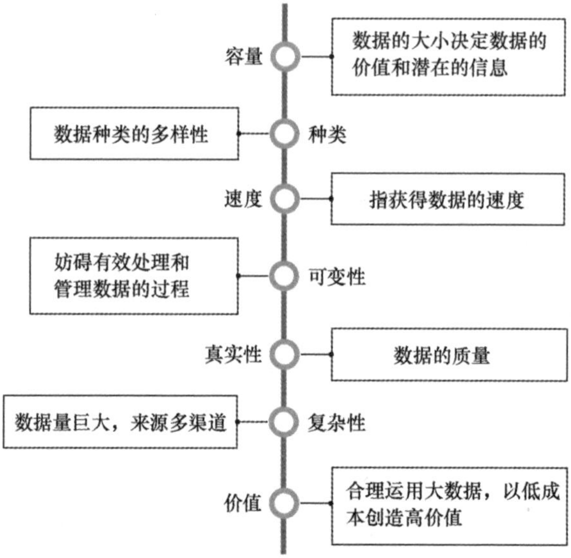

图2-1 大数据技术的特点

3. 大数据技术的优势

从技术上看，大数据与云计算的关系密不可分。大数据必然无法用单台的计算机进行处理，必须采用分布式架构，它的特色在于对海量数据进行分布式数据挖掘，但它必须依托云计算的分布式处理、分布式数据库和云存储、虚拟化技术。大数据需要特殊的技术，以有效地处理大量数据。

4. 大数据产生的意义

（1）关键地位

现在的社会是一个高速发展的社会，科技发达，信息流通，人们之间的交流越来越密切，生活也越来越方便，大数据是这个高科技时代的产物。

（2）价值体现

大数据的价值并不在“大”，而在于“有用”。对于很多行业而言，如何利用这些大规模的数据是在竞争中取胜的关键。

大数据的价值体现在图 2-2 所示的几个方面。

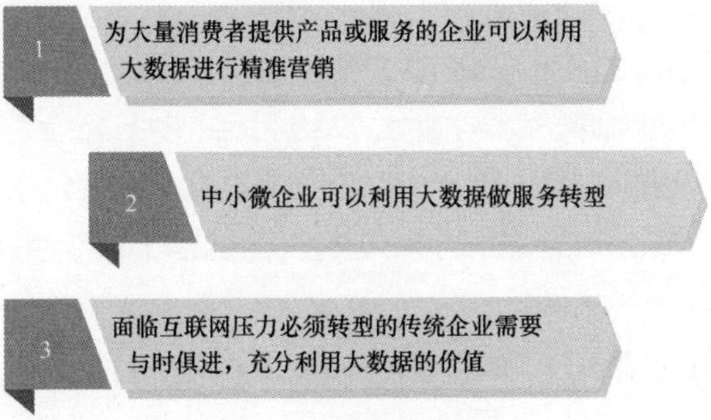

图2-2 大数据的价值

（3）持续性收益

在这个快速发展的智能硬件时代，困扰应用开发者的一个重要问题就是如何在功率、覆盖范围、传输速率和成本之间找到微妙的平衡点。企业组织可以通过相关数据分析降低成本，提高效率，开发新产品，做出更明智的业务决策等。例如，企业通过大数据高性能的分析，图 2-3 中对企业有益的情况都可能会发生。

1. 及时分析故障、问题和缺陷的根源，每年可为企业节省数十亿元人民币
2. 为成千上万的车辆规划交通路线，躲避拥堵
3. 分析所有库存，以利润最大化为目标来定价和清理库存
4. 根据客户的购买习惯，为其推送可能感兴趣的优惠信息
5. 从大量客户中快速识别金牌客户
6. 使用点击流分析和数据挖掘来规避欺诈行为

图2-3　对企业有益的情况

2.1.2　大数据技术在制造企业中的应用场景

大数据技术可以渗透到制造业的各个环节，如产品设计、原料采购、产品制造、仓储运输、订单处理、批发经营和终端零售，并发挥作用。

1. 加速产品创新

企业运用大数据技术有助于跟踪客户与企业之间交易产生的大量行为动态数据，同时可跟踪产品的使用情况并记录，生成产品使用动态数据。企业对这些数据进行挖掘和分析，将分析结果应用到产品改进设计、创新等活动中，相当于使客户参与到产品的需求分析和产品设计等创新活动中，这对产品创新具有不可估量的贡献。

2. 产品故障诊断与预测

大数据技术在产品故障诊断与预测中的应用如图 2-4 所示。

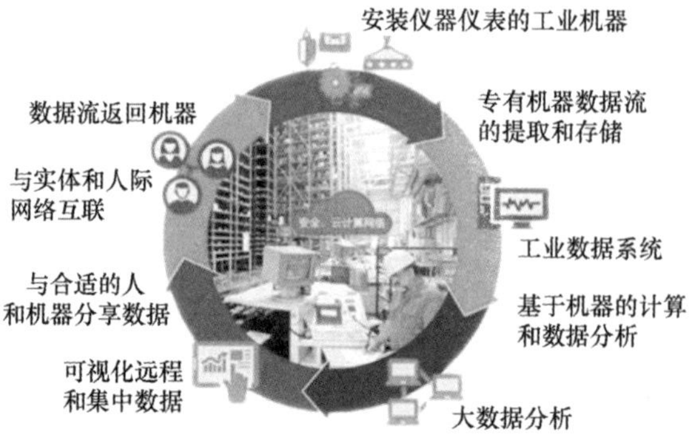

图2-4　大数据技术在产品故障诊断与预测中的应用

大数据技术也可以被用于产品售后服务与产品改进中。无所不在的传感器、互联网技术的引入使得产品故障实时诊断成为现实，大数据的应用、建模与仿真技术则使得预测动态性成为可能。

3. 产品流程优化

现代化的工业制造生产线安装了数以千计的小型传感器，用于探测温度、压力、热能、振动和噪音。因为传感器每隔几秒就收集一次数据，我们利用这些数据就可以实现多种形式的分析，如设备诊断、用电量分析、能耗分析、质量事故分析（包括违反生产规定、零部件故障）等。首先，在生产工艺改进方面，工厂在生产过程中使用这些大数据就能分析整个生产流程，了解每个环节是如何执行的。一旦有某个流程偏离了标准工艺，传感器就会产生一个报警信号，相关人员能更快速地发现错误或者瓶颈所在，也就能更容易地解决问题。利用大数据技术，工厂还可以建立工业产品的虚拟模型，仿真并优化生产流程，当所有流程和绩效数据都能在系统中重建时，这种透明度将有助于制造商改进其生产流程。再如，在能耗分析方面，工厂在设备生产过程中利用传感器集中监控所有的生产流程，能够发现能耗的异常或峰值情形，由此便可在生产过程中优化能源的消耗，分析所有流程并大大降低能耗。

4. 工业供应链的分析和优化

大数据技术有利于帮助人们从数据分析中获得知识并推测趋势，我们可以对企业的原料采购的供求信息进行更大范围的归并、匹配，从而提升效率。企业运用大数据技术，通过高度整合的方式，可汇集相对独立的各部门信息，打破原有的信息壁垒，从而实现集约化管理；也可以根据事件的轻重缓急，更加科学合理地安排财政支出。利用大数据的海量存储与快速数据处理功能，企业可以对采购原料的附带属性（节能、节水、环保等）进行更加精细化的描述与标准认证，通过分类标签与关联分析，可以更好地评估采购资金的支出效果。此外，大数据能预测原材料的价格以及原材料品质的好坏。这使得制造业企业更加科学地采购原材料成为可能，企业可以采购到质优价低的原材料。

当前，大数据分析已经是很多电子商务企业提升供应链竞争力的重要手段。射频识别（Radio Frequency IDentification，RFID）技术、物联网技术以及移动互联网技术能帮助工业企业获得完整的产品供应链的大数据，企业利用这些数据进行分析，将带来仓储、配送、销售效率的大幅提升和成本的大幅下降。利用销售数据、产品的传感器数据和出自供应商数据库的数据，工业制造企业便可准确地预测全球不同区域的需求。由于可以跟踪库存和销售价格，可以在价格下跌时买进，因此制造企业可节省大量的成本。利用产品中传感器所产生的数据，生产企业可以即时了解产品出现了什么故障，哪里需要更换配件。

5. 产品销售预测与需求管理

企业可通过大数据来分析当前需求变化和组合形式。大数据是一个很好的销售分析工具，通过历史数据的多维度组合，企业可以看出区域性需求占比和变化、产品品类的市场受欢迎程度及其最常见的组合形式、消费者的层次等，以此来调整产品的销售策略和铺货策略。

大数据的核心作用在于预测。企业运用大数据技术可以快速精准地预测市场趋势和客户需求，并对客户进行细分，为其提供量身定制的服务。企业通过大数据的预测结果，可以得到潜在订单的数量，然后直接进入产品的设计和制造以及后续环节。企业可以通过大数据技术，在客户下单之前处理订单。而传统企业通过市场调研与分析，得到粗略的客户需求量，然后开始加工产品，如果是等到客户下单后，才开始处理订单，这将大大延长了产品的生产周期。

6. 生产计划与排程

生产环节的大数据具有很高的利用价值，企业对其进行挖掘与分析，对于企业的计划制订具有指导意义。企业通过对计划与完成情况的对比分析，发现计划与实际完成的偏差，在考虑产能约束、人员技能、物料供应、工装模具等生产资源的基础上，通过智能的优化算法，建立计划制订模型，从而制订更加科学合理的生产计划与排程。

7. 产品质量管理与分析

高度自动化的设备在加工产品的同时记录了庞大规模的检测结果。企业利用检测结果分析质量，从而可以采取措施提高质量。在产品的整个寿命周期，企业适当运用数据分析，可以提高质量管理的有效性。

8. 实现产品生命周期管理

随着物联网的发展，传感器、可穿戴设备、智能感知、视频采集、增强现实等技术能将产品生命周期的信息进行实时采集和分析，这些数据能够帮助企业在供应链的各个环节跟踪产品，收集产品使用信息，从而实现产品生命周期的管理。这些数据还可以用于售后服务，提高售后服务质量，从而提高产品竞争力。

9. 库存管理

在信息化高度发达的情况下，工业企业可以获取各方面的信息。库存信息将完全展现在管理者面前，通过数据分析和挖掘，企业可以准确知道产品原材料和成品库存量。企业根据原材料的库存量和生产计划确定原材料需求量，并在此基础上进行采购，不但可以保证产品的生产进度，还能最大限度地减少资源浪费。

2.2 云计算技术

2.2.1 何谓云计算技术

云计算是分布式计算的一种，通过网络“云”将巨大的数据计算处理程序分解成无数个小程序，然后，通过多部服务器组成的系统处理和分析这些小程序，得到结果，并将结果返回至用户。

“云”实质上就是一张网络。从狭义上讲，云计算是一张提供资源的网络，用户可以随时获取“云”上的资源，按需求量使用，并按使用量付费。广义上而言，云计算是与信息技术、软件、互联网相关的一种服务，这种计算资源共享池被称作“云”，云计算把许多计算资源集合起来，通过软件实现自动化管理，只需要很少的人力参与，就能让资源得以快速提供。也就是说，计算能力作为一种“商品”，可以在互联网上流通，也可以被方便地取用，且价格较为低廉。

总之，云计算不是一种全新的网络技术，而是一种全新的网络应用概念，云计算的核心概念就是以互联网为中心，在网站上提供快速且安全的云计算服务与数据存储，让用户可以使用网络中庞大的计算资源。

2.2.2 工业云催生工业经济新业态

云计算、大数据、物联网等技术的集成应用，推动了新型制造模式的产生与发展，也进一步加速了工业企业销售模式的变革，催生了社交营销、智能物流、互联网金融、移动电子商务等生产性互联网新兴服务业态，是推动区域产业结构优化调整的重要引擎。

工业云通常是指基于云计算架构的工业云平台和基于工业云平台提供的工业云服务，涉及产品研发设计、实验和仿真、工程计算、工艺设计、加工制造及运营管理等诸多环节。工业云服务常见的方式有工业 SaaS（Software as a Service，软件即服务）云服务、工业 IaaS（Infrastructure as a Service，基础设施即服务）云服务、工业 PaaS（Platform as a Service，平台即服务）云服务等方式。工业云基于云计算技术，使工业设计和制造、生产运营管理等工具大众化、简洁化、透明化，工业企业通过工业云计算服务，可大幅提升全要素劳动生产率。

基于工业云服务，用户一方面可以获得云化的工业设计、加工工艺分析、装配工艺分析、模具设计、机械零部件设计与性能分析、电磁场模拟等服务，从而大幅缩短产品升级换代周期，降低设计与制造成本，提高产品性能；另一方面，工业、企业的订单管理、主生产计划、备料等诸多环节均可依托工业云平台的企业资源计划（Enterprise Resource Planning，ERP）系统、经销商管理系统（Dealer Management System，DMS）、产品生命周期管理（Product Lifecycle Management，PLM）系统等企业管理工具来提升管理效能；同时，用户也可基于工业云服务平台充分挖掘生产设计、企业经营管理及用户交互中的各种数据，利用大数据为企业研发、生产、营销、交易、服务等活动提供支持。

工业与互联网融合旨在加速工业转型升级和提质增效，变革传统工业生产运营方式，创造更大的价值，这就需要以云计算、大数据技术辅助工业企业创新其研发、生产、运营、营销、服务和管理方式。当前，基于云计算平台的工业设计、虚拟装配、精准营销配送、精准广告推送等模式已成为企业发展的新趋势，可以说，工业云计算服务、工业大数据服务已成为推动互联网与工业融合发展的主要支撑手段，并与企业技术研发、流程管理以及生产经营等方面紧密融合，塑造企业发展新模式，催生工业经济新业态。

2.2.3 制造业在云计算等技术的推动下迎来发展新时期

将云计算应用于制造业后，传统的制造业在新一代信息技术的支持下迸发新的生机和活力。以往依靠人力和部分机器来进行商品生产的模式正逐渐被打破。企业借助云计算等技术可以将产品的生产和销售结合，打通产品的产销供应链，这使得传统的制造业在云计算等的影响下不断突破自我，努力实现新的蜕变。

从产品的生产、运输和销售等多个方面来看，云计算在整个制造业的发展过程中起着至关重要的作用。云计算的应用使制造企业不断改进生产工艺，调整生产结构，以此来顺应工业 4.0 大背景下企业发展的实际需要。

在产品的制造方面，借助云计算，企业可以将不同车间的生产数据汇集到统一的系统并上传至云平台，企业的生产负责人通过分析产品数据就可以随时调整生产进度，以保证相关的产品能够及时生产完成。

在产品的运输方面，企业通过分析云平台中不同运输车辆运送产品的行驶路线和所用的时间，就可以为产品运输选择最佳的运输路线，以此提高运输效率，节省运输时间。在大批量的产品运送过程中，云计算具有的优势得以充分展现。

此外，应用云计算，制造企业之间还可以搭建共享云平台，以此实现产品制造经验的共享和产品制造技术的提升。搭建公有云或者混合云平台后，制造企业不再是孤军作战，而是和业界同行一起共同探索技术革新、产业升级的新渠道，这使得产业集群效应逐步显现。

2.3 物联网技术

2.3.1 物联网技术概述

1. 何谓物联网技术

物联网是新一代信息技术的重要组成部分，也是“信息化”时代的重要发展阶段，是物物相连的互联网。

物联网在国际上又被称为传感网，是继计算机、互联网与移动通信网之后的又一次信息产业革命。世界上的万事万物，小到手表、钥匙，大到汽车、楼房，只要嵌入一个微型感应芯片，这个物体就可以“自动开口说话”；再借助无线网络技术，人们就可以和物体“对话”，物体和物体之间也能“交流”，这就是物联网。

我们认为，物联网是指射频识别、红外感应器、全球定位系统、激光扫描器等信息传感设备，通过物联网域名，将物品与互联网连接，并进行信息交换和通信，以实现智能化识别、定位、跟踪、监控和管理的一种网络概念。泛在网、物联网和传感网是依次包容的关系。传感器网络专注于物与物之间的末端联系，实现物理世界信息的感知和采集。物联网是面向物与物和人与物的网络，它包含多种感知单元（传感器、射频识别等），同时支持一种或几种网络通信方式，为现实世界提供服务和应用，具体如图 2-5 所示。泛在网涵盖并高于物联网，侧重多网络和多技术融合，寻求通信和服务的无缝连接，寻求人与人之间新的通信和服务方式。

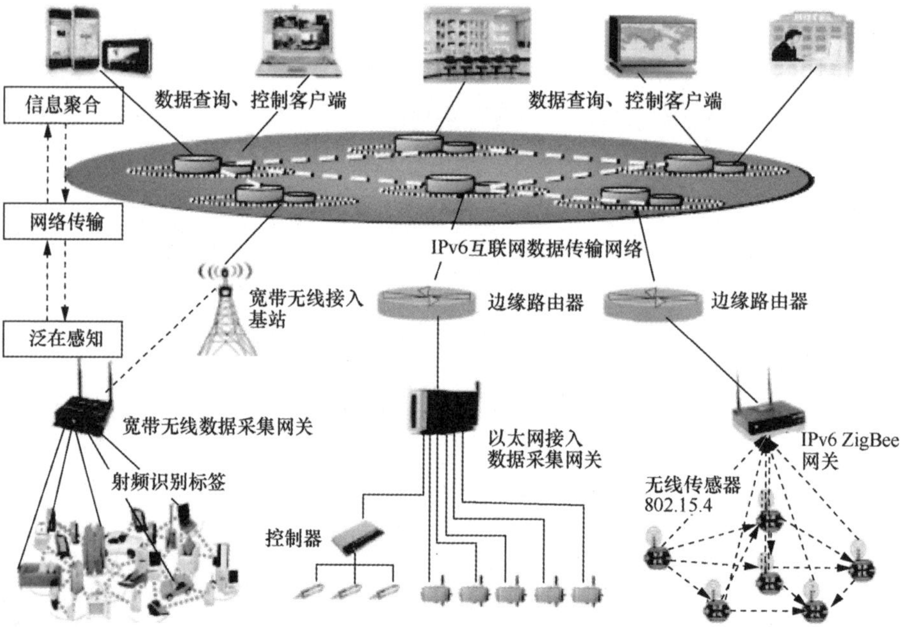

图2-5　物联网产业链——网络泛在性和信息聚合性

2. 物联网应用技术的基本特征

物联网应用技术的基本特征如图 2-6 所示。

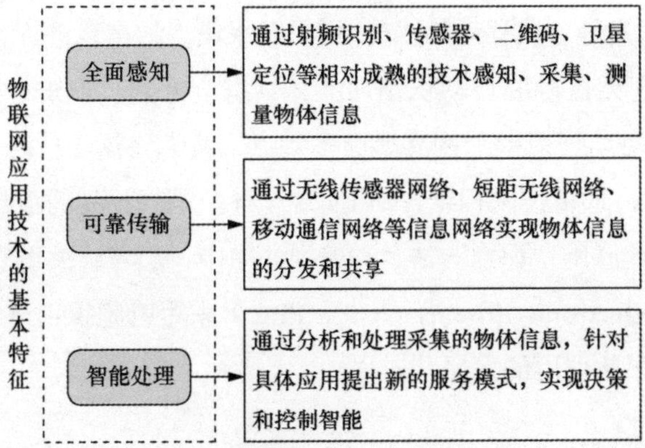

图2-6　物联网应用技术的基本特征

3. 物联网的体系结构

物联网的体系结构如图 2-7 所示，可分为感知层、网络层和应用层。

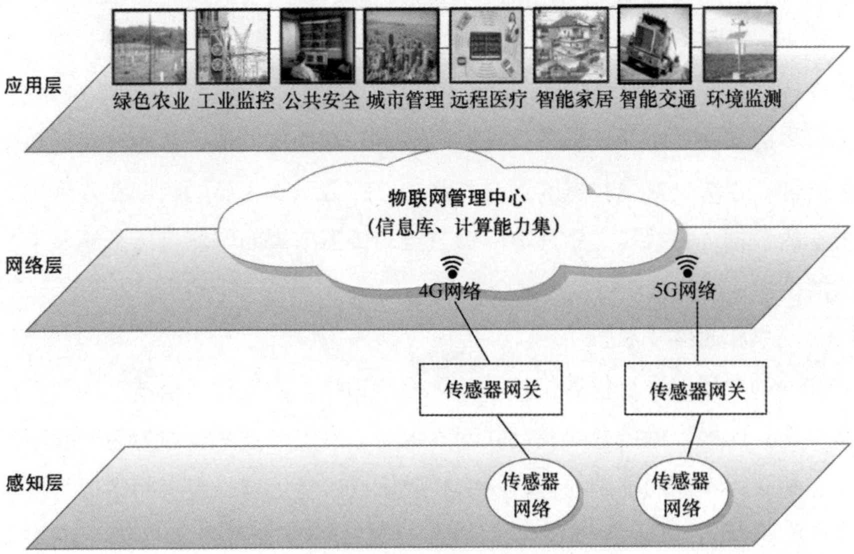

图2-7　物联网的体系结构

4. 物联网的关键技术

（1）射频识别技术

射频识别技术是一种无接触的自动识别技术，利用射频信号及其空间耦合的传输特性，自动识别静态或移动的物体，用于对采集点的信息进行“标准化”标识。RFID 技术可实现无接触的自动识别功能，具有全天候、识别穿透能力强、无接触磨损、可同时自动识别多个物品等诸多特点，我们将这一技术应用到物联网领域，使其与互联网、通信技术相结合，可实现全球范围内物品的跟踪与信息的共享。射频识别技术在物联网“识别”信息和近程通信中，起着至关重要的作用。另外，产品电子代码（Electronic Product Code，EPC）采用射频识别电子标签技术作为载体，大大推动了物联网的发展和应用。

（2）传感技术

采集信息是物联网的基础工作，而目前的信息采集主要是通过传感器、传感节点和电子标签等方式完成的。传感器是一种检测装置，也是获取信息的关键器件。传感器所在的环境通常比较恶劣，因此物联网对传感器提出了两方面的要求：一是提高感受信息的能力；二是增强自身的智能化和网络化。

物联网中应用传感器可以构成无线自治网络，这种传感网络技术综合了传感技术、纳米嵌入技术、分布式信息处理技术、无线通信技术等，实时监测、采集各类嵌入待测数据，并将这些信息以无线的方式发送给观测者，从而实现“泛在”传感。在传感器网络中，传感节点具有端节点和路由的功能，首先是实现数据的采集和处理，其次是实现数据的融合和路由，综合本身采集的数据和收到的其他节点发送的数据，将其转发到其他网关节点。传感节点的好坏直接影响整个传感器网络能否正常运转和功能是否健全。

（3）网络和通信技术

物联网的实现涉及近程通信技术和远程传输技术。近程通信技术涉及射频识别、蓝牙等，远程传输技术涉及互联网的组网、网关等技术。作为为物联网提供信息传递和服务支撑的基础通道，网络和通信技术通过增强现有网络通信技术的专业性与互联功能，以适应物联网低移动性、低数据率的业务需求。实现信息安全且可靠的传送，是当前物联网研究的一个重点。传感网络通信技术主要包括广域网络通信技术和近距离通信技术两个方面，广域网络通信技术主要包括 3G/4G 移动通信技术、卫星通信技术等；近距离通信技术方面，当前的主流是以 IEEE802.15.4 为代表的近距离通信技术。

机器与机器（Machine to Machine，M2M）技术也是物联网技术实现的关键。可以与 M2M 实现技术结合的有 GSM（Global System for Mobile Communication，全球移动通信系统）、GPRS（Geneval Packet Radio Service，通用分组无线服务）、UMTS（Universal Mobile Telecommunications System，通用移动通信系统）等，Wi-Fi（Wireless Fidelity，无线局域网）、蓝牙、ZigBee、射频识别和 UWB（Ultra Wideband，超宽带）等近距离连接技术也可以与之相结合。

（4）数据的挖掘与融合

从物联网的感知层到应用层，各种信息的种类和数量都成倍增加，需要分析的数据量也呈指数级增加，从物联网的感知层到应用层还涉及各种异构网络或多个系统之间数据的融合问题，如何从海量的数据中及时挖掘出隐藏信息和有效数据，给数据处理带来了巨大的挑战，因此，如何合理、有效地整合、挖掘和智能处理海量的数据是物联网面临的难题。云计算技术等分布式计算技术，成为解决以上难题的途径。云计算技术为物联网提供了一种新的高效率计算模式，可通过网络按需提供动态伸缩的廉价计算，同时兼有互联网服务的便利、廉价和大型机的能力，可以轻松实现不同设备间的数据与应用共享，用户无须担心信息泄露等问题。云计算技术是信息化发展进程中的一个里程碑，其强调信息资源的聚集、优化和动态分配，有助于企业在节省信息化成本的同时提高数据中心的效率。

2.3.2 物联网技术在制造业中的应用

物联网技术在制造业中的几个主要应用场景具体如下。

1. 数字 / 联网工厂

支持物联网技术的机器可以向制造商等合作伙伴或现场工程师传输操作信息，运营管理人员和工厂负责人能够远程管理工厂单元，并使其实现流程自动化和优化。与此同时，数字连接单元将建立更好的命令行，帮助管理人员发出生产执行命令。

2. 设施管理

工业企业在制造装备过程中使用物联网传感器可实现基于状态的维护报警。许多关键机床需要在特定温度和振动范围内运行，物联网传感器可以主动监控机器的运行状态并在设备偏离规定参数时发出警报。物联网技术的运用有助于确保机器的规定工作环境，可以帮助制造商节约能源，降低成本，消除机器停机时间并提高运营效率。

3. 生产流程监控

工业企业在制造流程中应用物联网技术可以实现从精炼过程到最终产品包装过程的全生产线监控。这种对流程实时的全面监控为企业提供了操作调整的范围，以使企业更好地管理运营成本。此外，密切的监控有助于管理者发现生产滞后，从而帮助企业消除不合格品和不必要的库存。

4. 库存管理

物联网技术的应用有助于企业监控整个供应链中的所有事件。基于这些应用，企业可在项目层级上全局跟踪库存，并通知用户任何与项目有关的重大偏差。这提供了库存的跨渠道可见性，并向管理人员提供了对可用材料、制品和新材料到达时间的实际估计，最终，优化了供应服务，降低了价值链中的共享成本。

5. 工厂安全和保障

企业运用物联网技术并结合大数据分析可以监控关键绩效指标，从而提高工厂员工的整体安全保障系数，例如，监控受伤和疾病发生率、未遂事件、偶然和长期缺勤、车辆事故以及日常运营中的财产损坏或丢失，从而有效确保生产安全，并使滞后指标被及时发现并得以解决，从而确保健康、安全和环境问题得到适当的补救。

6. 质量控制

企业可以安装物联网传感器，达到在产品周期的各个阶段收集、汇总产品数据和其他第三方数据的目的。这些数据涉及所用原料的组成、温度和工作环境、不合格品、运输过程等对最终产品产生影响的信息。此外，如果在最终产品中使用传感器，物联网设备可以为用户提供产品使用体验数据，这些用户的使用数据都可以用于分析，为企业识别和纠正产品质量问题提供依据。

7. 包装优化

通过在产品或包装中使用物联网传感器，制造商可以从多个用户终端了解产品的使用模式和处理方式。智能跟踪机制还有助于企业跟踪运输过程中的产品变化以及天气、道路和其他环境变量对产品的影响。这将提供可用于重新设计产品和包装的依据，以便在用户体验和包装成本方面获得更好的表现。

8. 物流和供应链优化

企业可以通过工业物联网跟踪材料、设备和产品在供应链中的变化，以提供对实时供应链信息的访问。工业互联网提供的有效的报告使制造商能够收集交付信息并将其输入ERP系统、PLM系统和其他系统。通过工厂与供应商的相互连接，与供应链相关的所有各方都可以追踪与相互依赖性、材料流动和制造周期相关的数据。这些数据将有助于制造商预测可能出现的问题，更好地解决库存和资本需求方面的问题。

2.4 人工智能技术

2.4.1 人工智能技术概述

1. 人工智能技术的概念

人工智能是一项研究模拟人类智能，实现机器智能的技术，研究人员希望机器不仅做一些繁重、烦琐的工业任务或者数理计算，还能够有独立思考的能力，即拥有自我。机器通过图像识别、动作识别、逻辑判断、自然语言的处理和反馈以及深层次的数学模型运用来体现人工智能的意义。

2. 支撑人工智能发展的关键技术

人工智能已经逐渐发展成一种具备庞大技术体系的科学，人工智能领域普遍包含了机器学习、深度学习、人机交互、自然语言处理、人工神经网络、机器视觉等多个领域的技术。接下来，我们对这些人工智能领域中的关键技术进行简单的介绍。

（1）机器学习

机器学习是一门多领域交叉学科，涉及概率论、统计学、逼近论、凸分析、算法复杂度理论等学科。该学科专门研究计算机如何模拟或实现人类的学习行为，以获取新的知识或技能，重新组织已有的知识结构并不断改善自身性能的过程。基于数据的机器学习是现代智能技术中的重要方法之一，其从观测数据（样本）出发寻找规律，利用这些规律对未来数据或无法观测的数据进行预测。

根据学习模式，机器学习可被分为监督学习、无监督学习和强化学习等，根据学习方法，机器学习可被分为传统机器学习和深度学习。

（2）深度学习

深度学习是机器学习领域中一个新的研究方向，它被引入机器学习使其更接近于最初的目标——人工智能。

深度学习研究的是样本数据的内在规律和表示层次，这些学习过程中获得的信息对诸如文字、图像和声音等数据的解释有很大的帮助。其最终目标是让机器能够像人一样具有分析能力，能够识别文字、图像和声音等数据。

深度学习在搜索技术、数据挖掘、机器学习、机器翻译、自然语言处理、多媒体学习以及其他相关领域都取得了很多成果。深度学习解决了很多复杂的模式识别难题。

（3）自然语言处理

自然语言处理（Natural Language Processing，NLP）是研究人与计算机交互的语言问题的一门学科。其研究能实现人与计算机之间用自然语言进行有效通信的各种理论和方法。

自然语言处理是一门集语言学、计算机科学、数学于一体的科学，研究涉及自然语言，即人们日常使用的语言，所以，其与语言学的研究有着密切的联系，但又有重要的区别。自然语言处理旨在研究能有效实现自然语言通信的计算机系统，特别是其中的软件系统，因此，其为计算机科学的一部分。

自然语言处理是计算机科学领域与人工智能领域中的一个重要方向，研究实现人与计算机之间用自然语言进行有效通信的各种理论和方法，涉及的领域较多，主要包括机器翻译、机器阅读理解和问答系统等。

（4）人工神经网络

人工神经网络常应用于机器定位与导航领域，具有融合多元信息资源的功能，在人工智能技术中扮演着重要的角色。

（5）机器视觉

机器视觉是使用计算机模仿人类视觉系统的科学，可使计算机拥有类似人类提取、处理、理解和分析图像的能力。自动驾驶、机器人、智能医疗等领域均需要通过机器视觉技术从视觉信号中提取及处理信息。根据解决问题的分类不同，机器视觉可分为计算成像学、图像理解、三维视觉、动态视觉和视频编解码五大类。

3. 人工智能的优势

（1）赋能人类超级能力

人类智慧活动的过程，主要是从感知、传输、存储、处理、决策到执行的一个循环过程，而人工智能在这些步骤上利用语音、图像和其他传感技术，通过云计算、模型训练和机器学习等，可以帮助人类进行更加智能的决策判断。人工智能已经可以完成识别、预测、优化、决策、分类、匹配、判断、执行等任务，这将为人类的能力提升带来更多可能。

（2）促进生产力的提升

促进生产力提升是推动人工智能技术发展的重要原动力之一，从目前人工智能产品在工业领域的应用情况来看，未来，更多的智能体将逐渐走进产业领域，人工智能也将是产业领域发展的新动能。

（3）降低岗位工作难度

人工智能可在帮助降低岗位工作难度的同时，提升岗位工作效率。实际上，人工智能技术的应用，不仅会降低岗位工作难度，还会进一步拓展工作人员的能力边界，使工作人员可以借助人工智能技术，成为“全面手”。

（4）加速创新

人工智能技术的应用会进一步促进创新，这在当前产业结构升级的大背景下，具有非常实际的意义。创新是企业发展的原动力，也是企业实现绿色发展和可持续发展的重要基础。人工智能加速创新可以体现在多个方面，比如对于资源的有效管理就是比较常见的表现形式。

2.4.2 人工智能技术在工业领域的应用

人工智能技术、大数据技术、移动互联网技术、物联网技术、云计算技术的协同融合，开启了信息化新时代的引擎，数字化转型成为企业实现高质量发展的共识，人工智能推动企业向智能制造和智能运维的方向发展。人工智能技术促使机器实现自我学习，从而使程序实现智能化。工业企业利用人工智能技术可以提高效率，节省成本，还可以控制产品质量，从而满足生产效率和产品个性化的需求。

具体而言，人工智能技术在工业领域的应用主要体现在以下 3 个方面。

1. 应用数据的可视化分析

人工智能技术的运用除了有助于工业企业收集设备运行的各项数据（如温度、转速、能耗情况、生产力状况等），并存储数据以供二次分析外，还可为生产线的节能优化提供依据，也有助于提前检测出设备运行是否异常，并提供降低能耗的措施。

2. 机器的自我诊断

生产过程如果出现异常，例如，一条生产线突然发出故障报警，应用人工智能技术的机器能够进行自主诊断，找到问题所在及原因，同时还能够根据历史维护记录或者维护标准，提示相关人员如何解决故障。

3. 预测性维护

人工智能技术的运用能够使机器在出现问题之前就能感知到或者分析出可能出现的问题。例如，工厂中的数控机床在运行一段时间后需要更换刀具，通过分析历史的运营数据，具有人工智能的机器可以提前知道刀具可能损坏的时间，从而提醒工作人员提前准备好更换的配件，并安排在最近一次维护中更换刀具。

第二篇

路　径　篇

第3章

工业物联网

工业物联网将具有感知、监控能力的各类采集、控制传感器或控制器，以及移动通信、智能分析等技术不断融入工业生产过程中的各个环节，从而大幅提高制造效率及产品质量，降低产品成本和资源消耗，最终实现将传统工业提升到智能化的新阶段。从应用形式上来看，工业物联网的应用具有实时性、自动化、嵌入式、安全性和信息互通互联性等特点。

工业物联网在降低成本和提高设备效率等方面带来的巨大好处，已经成为驱动市场增长的关键要素。

3.1 工业物联网概述

3.1.1 3 种物联网

物联网的概念不仅是一个逐渐形成并明确的过程，还是一个各领域相互借鉴、融合的过程。在不同的信息化领域，各行各业对“物联网”都有自己的认知和构想。

在对物联网没有形成统一的认识之前，各领域都有各自的称谓，其中，M2M、IoT、CPS 这 3 种定义较为明确。

1. M2M

M2M 的概念主要是由通信行业提出的。最初 M2M 主要是指不具备信息化能力的机械设备通过移动通信网络（无线网络）与其他设备或信息系统（IT 系统）进行通信。

通信行业专家认为，网络在满足了人与人之间的通信需求后，还可以使“物与物”进行通信，形成更高效的信息化应用。此后，M2M 的概念又延伸出了“人与机器”或“机器与人”的概念。

总体来说，M2M 就是指人、设备、信息系统三者之间的信息互通和互动。

M2M 的概念主要强调的是通信实现，网络在其技术框架中处于核心地位。通过“无线连接”的技术手段，实现“端到端”的可靠连接。在物与物“连接”的基础上，实现资产集中监控、设备远程操作、物流仓储管理、移动支付等应用。

2. IoT

IT 行业内认为，IoT 的概念最早可以追溯到 1990 年施乐公司的网络可乐贩售机。而后，美国麻省理工学院自动识别中心在射频识别技术的基础上提出了物联网的概念，在其定义中强调了“信息传感设备与互联网连接”的理念。

如今，IoT 是互联网企业、软件企业乃至整个信息产业力推的物联网概念。在实现了人与人的社交互联后，互联网企业希望物和物之间也能通过互联网进行通信。IoT 的基础仍然是互联网，是互联网的延伸和发展方向。

IoT 的概念主要强调的是互联网交互，互联网的全球化、开放性、互操作性、社交性是支撑 IoT 理念的基础。智能产品一旦有了“网络身份”，便可以衍生出各种互联网应用，如产品租赁（共享智能产品）、信息服务（例如，定位服务、电子支付、大数据分析）、可穿戴产品应用等。

3. CPS

CPS（Cyber Physical System，信息物流系统）强调的是物理世界和信息世界之间实时的、动态的信息回馈、循环过程。

它深度融合了各类信息技术，如传感器、嵌入式计算、云计算、网络通信等技术，使得各种信息化能力高度协同和自治，实现生产应用系统自主、智能、动态、系统化监控。

CPS 的目标就是实现信息系统和物理世界以及各信息系统之间的深度融合，在感知、互联互通（应用协议）、能力开放[互联网服务接口、应用程序编程接口（Application Programming Interface，API）]、安全可控（身份认证、安全加密）、应用计算（数据计算、信息控制）的基础上，构建出一个巨大的、融合的、智能化的生产服务系统。

CPS 所涵盖的应用范围十分广阔，从微小的纳米机器人，到庞大的工程基建设备，从城市交通信息提供到远程手术医疗系统，交通、医疗、农业、能源、建筑、制造业流水线都是其涉足的领域。就目前来看，CPS 更偏重于科学研究，M2M、IoT 则更注重工程技术的落地。

在工业领域，生产系统在操控机械设备的同时，还接收并处理从物理世界反馈的信息（感知），生产操控中信息的“上传”和“下达”具有高度的实时协同性。在 M2M、IoT、CPS 这 3 种概念中，CPS 正是为满足这种特性而设计的，因此被认定为工业领域的物联网以及下一代工业体系中的基础信息系统。

3.1.2 何谓工业物联网

1. 工业物联网的定义

工业物联网是通过工业资源的网络互联、数据互通和系统互操作，实现制造原料的灵活配置、制造过程的按需执行、制造工艺的合理优化和制造环境的快速适应，达到资源的高效利用，从而构建服务驱动型的新工业体系。

2. 工业物联网的特点

工业物联网的特点如图 3-1 所示。

- **全面感知**：工业物联网利用了射频识别、传感器、二维码等技术随时获取产品从生产过程直到终端用户使用的各个阶段的信息数据。传统的工业自动化系统信息采集，只存在于生产质检阶段，企业信息化系统并不太关注具体的生产过程
- **互联传输**：工业物联网采用将专用网络和互联网相联的方式，实时将设备信息准确无误地传递出去。它对网络具有极强的依赖性，比传统工业自动化信息系统更注重数据交互
- **智能处理**：工业物联网是利用云计算、云存储、模糊识别及神经网络等智能计算的技术，对数据和信息进行分析并处理，结合大数据，深挖数据的价值
- **自组织与自维护**：一个功能完善的工业物联网系统应具有自组织与自维护的功能，其每个节点都要为整个系统提供获得的信息及决策数据，一旦某个节点失效或数据发生异常或变化时，整个系统将会自动根据逻辑关系来进行相应的调整，整个系统是全方位互相连通的
- **泛在连通**：工业资源通过有线或无线的方式彼此连接或与互联网联通，形成便捷、高效的工业物联网信息通道，实现工业资源数据的互联互通，拓展了机器与机器、机器与人、机器与环境之间联接的广度和深度
- **数字建模**：数字建模将工业资源映射到数字空间中，在虚拟的世界里模拟工业生产流程，借助数字空间强大的信息处理能力，实现对工业生产过程全要素的抽象建模，为工业物联网实体产业链的运行提供有效决策
- **实时分析**：针对所感知的工业资源数据，通过技术分析手段，在数字空间中进行实时处理，获取工业资源状态在虚拟空间和现实空间的内在联系，将抽象的数据进一步直观化和可视化，完成对外部物理实体的实时响应
- **精准控制**：通过对工业资源的状态感知、信息互联、数字建模和实时分析等，将基于虚拟空间形成的决策转换成工业资源实体可以理解的控制命令，进行实际操作，实现工业资源精准的信息交互和无间隙协作
- **迭代优化**：工业物联网体系能够不断地自我学习与提升，通过将工业资源数据进行处理、分析和存储，形成有效的、可继承的知识库、模型库和资源库。面向工业资源制造原料、制造过程、制造工艺和制造环境，进行不断迭代优化，从而达到最优目标

图3-1 工业物联网的特点

3. 工业物联网的体系架构

工业物联网的体系架构是依据 GB/T33474—2016《物联网参考体系结构》中的物联网概念模型而形成的，其体系架构由用户域、目标对象域、感知控制域、服务提供域、运维管控域和资源交换域组成，具体如图 3-2 所示。

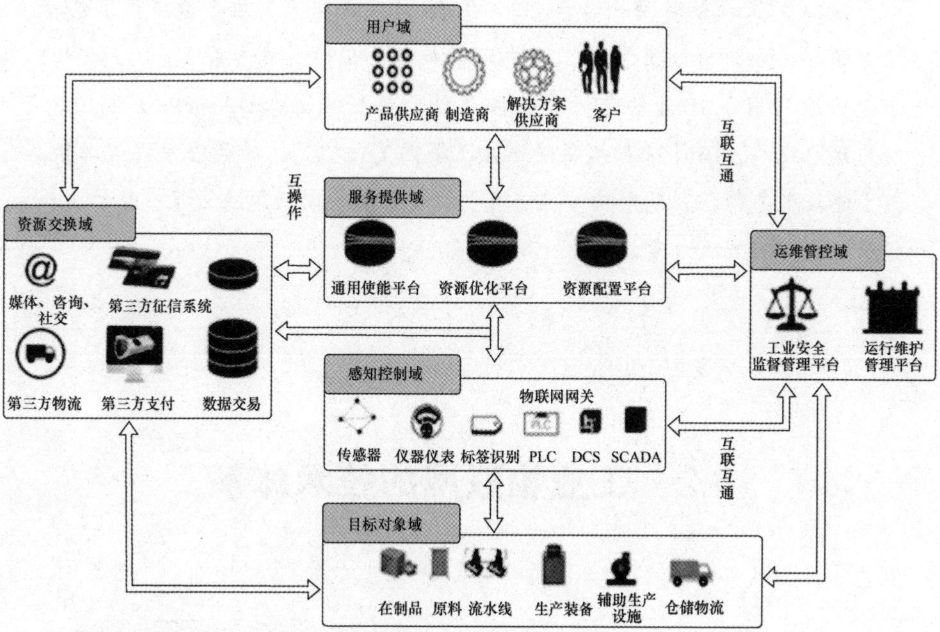

注：① DCS（Distributed Control System，分布式控制系统）。
② SCADA（Supervisory Control And Data Acquisition，数据采集与监视控制系统）。

图3-2 工业物联网的体系架构

用户域包括产品供应商、制造商、解决方案供应商、客户等。

目标对象域主要为在制品、原料、环境等，这些对象被感知控制域的传感器、标签所感知、识别和控制，生产、加工、运输、流通等各个环节的信息被获取。

感知控制域所采集的数据被工业物联网网关传送至服务提供域。

服务提供域主要包括通用使能平台、资源优化平台和资源配置平台，主要提供远程监控、能源管理等服务。

运维管控域从系统运行技术性管理和法律法规符合性管理两方面保证工业物联网其他域的稳定、可靠、安全运行。

资源交换域根据工业物联网系统与其他相关系统的应用服务需求，实现信息资源和市场资源的交换与共享功能。

他山之石

IBM 的沃森物联网平台

IBM 的沃森物联网平台于 2014 年 10 月正式发布，该平台提供了包括设备管理、分析、数据管理、软件开发和安全在内的竞争能力。该平台的分析功能利用了 IBM 的分析云服务套件和包括 Spark 及 Apache Edgent 在内的开源技术。IBM 沃森物联网平台还提供了一些具体的解决方案，比如，用于连接服务的物联网解决方案；用于制造业的物联网解决方案；用于汽车行业的物联网解决方案。

3.2 工业物联网的技术体系

3.2.1 工业物联网的关键技术

工业物联网技术的研究是一个跨学科的工程，它涉及自动化、通信、计算机以及管理科学等领域。工业物联网的关键技术如图 3-3 所示。

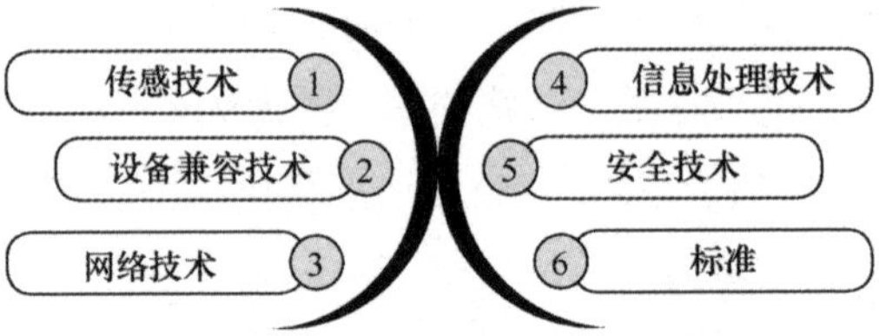

图3-3 工业物联网的关键技术

1. 传感技术

价格低廉、性能良好的传感器是工业物联网应用的基石，工业物联网的发展要求要有更准确、更智能、更高效以及兼容性更强的传感技术支撑。智能数据采集技术是传感技术发展的一个新方向。信息的泛在化对工业传感器和传感装置提出了更高的要求：① 微型化，元器件的微小型化，节约资源与能源；② 智能化，具备自校准、自诊断、自学习、自决策、自适应和自组织等人工智能技术；③ 低功耗与能量获取技术，供电方式为电池、阳光、风、温度、振动等多种方式。

2. 设备兼容技术

在大部分情况下，企业会基于现有的工业系统建造工业物联网，如何实现工业物联网中所用的传感器能够与原有设备已应用的传感器相兼容是工业物联网推广所面临的问题之一。传感器的兼容主要指数据格式的兼容与通信协议的兼容，兼容的关键在于标准的统一。目前，工业现场总线网络中普遍采用 Profibus、Modus 协议，已经较好地解决了兼容性问题，大多数工业设备生产厂商基于这些协议开发了各类传感器、控制器等。近年来，随着工业无线传感器网络的应用日渐普遍，当前，工业无线的 WirelessHART、ISA100.11a 以及 wIA-PA3 标准均兼容了 IEEE 802.14.4 无线网络协议，并提供了隧道传输机制兼容现有的通信协议，丰富了工业物联网系统的组成与功能。

3. 网络技术

网络是构成工业物联网的核心之一，数据在系统不同的层次之间通过网络进行传输。网络分为有线网络与无线网络，有线网络一般应用于数据处理中心的集群服务器、工厂内部的局域网以及部分现场总线控制网络中，能提供高速率、大带宽的数据传输通道。工业无线传感器网络则是一种新兴的利用无线技术进行传感器组网以及数据传输的技术，无线网络技术的应用可以使得工业传感器的布线成本大大降低，有利于传感器功能的扩展，因此吸引了国内外众多企业和科研机构的关注。

传统的有线网络技术较为成熟，在众多场合已被广泛应用。然而，无线网络技术被应用于工业环境时，面临的问题有：工业现场强电磁干扰、开放的无线环境让工业机器更容易受到攻击威胁、部分控制数据需要实时传输。相对于有线网络，工业无线传感器网络技术则正处在发展阶段，它弥补了传统的无线网络技术应用于工业现场环境时的不足，提供了高可靠性、高实时性以及高安全性，主要技术包括自适应跳频、确定性通信资源调度、无线路由、低开销高精度时间同步、网络分层数据加密、网络异常监视与报警以及设备入网鉴权等。

4. 信息处理技术

工业信息出现爆炸式增长，工业生产过程中产生的大量数据对于工业物联网来说是一个挑战，如何有效处理、分析、记录这些数据，提炼出对工业生产有指导性建议的结果，是工业物联网的核心所在，也是难点所在。

当前业界大数据处理技术有很多，如思爱普的商务信息仓库（Business Information Warehouse，BW）系统在一定程度上解决了大数据给企业生产运营带来的问题。数据融合和数据挖掘技术的发展也使海量信息处理变得更为智能、高效。工业物联网泛在感知的特点使得人也成为了被感知的对象。通过对环境数据的分析以及用户行为的建模，工业物联网可以实现生产设计、制造、管理过程中的人—人、人—机和机—机之间的行为、环境和状态感知，更加真实地反映出工业生产过程中的细节变化，以便得出更准确的分析结果。

5. 安全技术

工业物联网安全主要涉及数据采集安全、网络传输安全等，信息安全对于企业运营起到关键作用。例如，在冶金、煤炭、石油等行业采集数据需要长时间的连续运行，保证在数据采集以及传输过程中的信息准确是工业物联网应用于实际生产的前提。

3.2.2 工业物联网的技术趋势

工业物联网的技术趋势表现在如图 3-4 所示的 5 个方面。

图3-4　工业物联网的技术趋势

1. 终端智能化

终端智能化体现在两个方面：一是底层传感器设备自身向着微型化和智能化的方向发展；二是工业控制系统的开放性逐渐扩大，使得工业控制系统与各种业务系统的协作成为可能。

2. 连接泛在化

工业物联网的网络连接建立在工业控制通信网络的基础之上，工业控制通信网络经历了现场总线、工业以太网和工业无线等多种工业通信网络技术，负责将人机界面（Human Machine Interface，HMI）、数据采集与监视控制系统（Supervisory Control And Data Acquisition，SCADA）、可编程逻辑控制器（Programmable Logic Controller，PLC）、分散控制系统（Distributed Control System，DCS）等监控设备与系统，同生产现场的各种传感器、变送器、执行器、伺服驱动器、运动控制器，甚至电脑数值控制（Computerized Numerical Control，CNC）数控机床、工业机器人和生产线等生产装备连接起来。

3. 计算边缘化

边缘计算是在靠近物或数据源头的网络边缘侧，融合网络通信、存储、计算、应用核心能力的开放平台，就近提供边缘智能服务，满足行业数字化在敏捷连接、实时业务、数据优化、应用智能、安全与隐私保护等方面的需求。边缘计算中的数据不用再传到云端，在边缘侧就能解决，更适合实时的数据分析和智能化处理，具有安全、快捷、易于管理等优势。

4. 网络扁平化

工业物联网的体系架构正在简化，系统性能在得到进一步提升的同时也降低了软件的维护成本。

5. 服务平台化

基于平台的开放能力，企业可根据用户的实际需求提供设备远程管理、预防性维护和故障诊断等服务。

3.3 工业物联网应用的领域

我国工业领域的行业众多，具有环境感知能力的各类终端，基于泛在技术的计算模式、移动通信等不断融入工业生产的各个环节，大幅提高了制造效率及产品质量，降低了产品成本和资源消耗，将传统工业提升到智能工业的新阶段。工业物联网在传统制造行业如电器、石油、轮胎、重工、煤矿和钢铁等领域有很好的应用。工业物联网在其他行业也有广泛的应用，如智能家居行业用于智能照明控制、智能安防、智能遥控；交通运输行业用于实时监控、自动收费、智能停车、实时车辆跟踪；医疗领域用于身份确认、无线医疗、一卡通就诊、药品供应、医疗垃圾处理；食品安全行业用于食品追溯、射频识别电子标签防伪查询；环境保护方向用于水文监控、污水处理监控、节能减排；智能建筑领域用于智能酒店、智能建筑安防、智能建筑一卡通等。

3.3.1 制造业供应链管理

工业物联网应用于企业原材料采购、库存、销售等领域，通过完善和优化供应链管理体系，借助射频识别等工业物联技术实现对装备产品的数字化物流管理，推动上下游协作厂商共同应用先进的物流管理技术，从而提高整个供应链的协调性，降低成本，实现现代物流与装备制造的联动发展。

3.3.2 生产流程进行优化

工业物联网通过传感器和网络对生产过程实行智能监控、智能控制、智能诊断、智能决策和智能维护，监控生产过程，实时采集参数，监控生产设备，监测材料消耗。例如在石油勘探、开采、运输等环节，石油生产企业可利用工业物联网建立油井生产智能远程测控系统，实现对石化生产设备的智能测控和管理，从而优化生产流程，提高产品质量，促进化工企业的安全生产和科学管理。

3.3.3 工业排污实时监控

工业物联网技术被应用在钢铁、有色金属、电力、化工、纺织、造纸等高能耗、高污染行业，支持其智能排污监控系统的建立与完善，实现智能排污自动监控装置、水质数据监控装置、水质参数检测仪等设备的集成应用，对重点排污监控企业实行实时监测自动报警、远程关闭排污口，防止突发性环境污染事故的发生，有效地促进了这些行业的节能减排。

3.3.4 工业安全生产管理

工业物联网已成为煤炭、钢铁等行业保障安全生产的重要技术手段。企业把传感技术、无线射频识别技术、移动通信技术等嵌入和装配到矿山设备、油气管道、矿工设备中，可以感知危险环境中工作人员、设备机器、周边环境等方面的安全状态信息，将现有的网络监管平台提升为系统、开放、多元的综合网络监管平台，对采掘、运输、通风、排水、供电等关键设备进行状态监测和故障诊断，建设和完善安全监测网络系统，实现实时感知、准确辨识、快捷响应及有效控制，提升安全生产过程中监控和应急响应的水平。

3.3.5 大规模个性化制造

将工业物联网引入生产线以后，人类、工件和生产设备将互相通信，生产线将实现全面网络化和生产过程自主控制，这不仅显著缩短了研发周期，而且提高了生产效率及产品质量，减少了资源使用，使经济效益最大化，也使生产模式从大规模批量生产转向大规模个性化制造。

3.3.6 与先进制造技术相结合

物联网与以下先进制造技术相结合，将形成新的智能化的制造体系。

1. 泛在感知网络技术

企业可以运用物联网技术和泛在感知网络技术建立服务于智能制造的泛在网络技术体系，为制造中的设计、设备、过程、管理和商务提供无处不在的网络服务。目前，面向未来智能制造的泛在网络技术还处于发展的初始阶段。

2. 泛在制造信息处理技术

企业可以运用物联网技术和泛在制造信息处理技术建立以泛在信息处理为基础的新型制造模式，提升制造行业的整体实力和水平。目前，泛在信息制造及泛在信息处理尚处于概念和实验阶段，各国政府均将此列入国家发展计划，大力推动并开展实施。

3. 虚拟现实技术

企业可以运用物联网技术和虚拟现实技术进行工业生产，进一步提高制造的效率。目前，虚拟环境已经在许多重大工程领域被广泛应用。未来，虚拟现实技术的发展方向是产品三维数字化设计、真三维立体显示和装配维修等。

4. 人机交互技术

传感技术、传感器网、工业无线网以及新材料的发展，提高了人机交互的效率和水平。随着人机交互技术的不断发展，我们将逐步进入基于泛在感知的信息化制造人机交互时代。

5. 空间协同技术

空间协同技术的发展目标是以泛在网络、人机交互、泛在信息处理和制造系统集成为基础，突破现有的制造系统在信息获取、监控、人机交互和管理方面集成度差、协同能力弱的局限，提高制造系统的敏捷性、适应性、高效性。

6. 平行管理技术

未来，制造系统将由某一个实际的制造系统和对应的一个或多个虚拟的人工制造系统组成。平行管理技术就是要实现制造系统与虚拟系统的有机融合，不断提升企业认识和预防非正常状态的能力，提高企业的智能决策和应急管理水平。

7. 电子商务技术

目前，制造与商务过程一体化特征日趋明显，整体呈现出纵向整合和横向联合的发展趋势。未来，制造企业应致力于建立健全先进制造业中的电子商务技术框架，发展电子商务以提升制造企业在动态市场中的决策能力与适应能力，构建和谐、可持续发展的先进制造业发展框架。

8. 系统集成制造技术

系统集成制造是由专家和智能机器人共同组成的人机共存、协同合作的工业制造系统。它集自动化、集成化、网络化和智能化于一身，使制造具有修正或重构自身结构和参数的能力，以及自组织和协调的能力，从而满足瞬息万变的市场需求，应对激烈的市场竞争。

他山之石

eMCP 物联网云平台应用于空气压缩机的远程监控

河北蓝蜂的 eMCP 物联网云平台，通过物联网技术实现远程监控管理功能。系统将各客户终端空气压缩机控制器中的数据信息传输到监控中心，便于工作人员实时在线监控、记录、查询、统计、分析、打印报表。同时，客户使用 Web 网页或手机 App ，随时随地登录该平台，实现数据查看、修改、报警、统计、分析等功能。上位机软件中还设置了每台空气压缩机的维保周期及相关的维保记录，方便系统提前合理地安排维保人员和维保设备。

一、系统架构

各个空气压缩机信息数据通过 Modbus 总线汇总到 GM10-DTU 上，GM10 通过无线方式将空气压缩机的运行数据传输到 eMCP 物联网云平台中进行处理、记录和展示。空气压缩机控制器上的报警触点可连接到 GM10 模块上实现设备的故障短信报警，维护人员在 Web 网页或手机 App 中可以查看各个空气压缩机的实时运行情况，也可以进行历史追溯，查看空气压缩机在某个时间段的运行状况，还可以远程配置空气压缩机的参数。eMCP 物联网云平台的架构如图 3-5 所示。

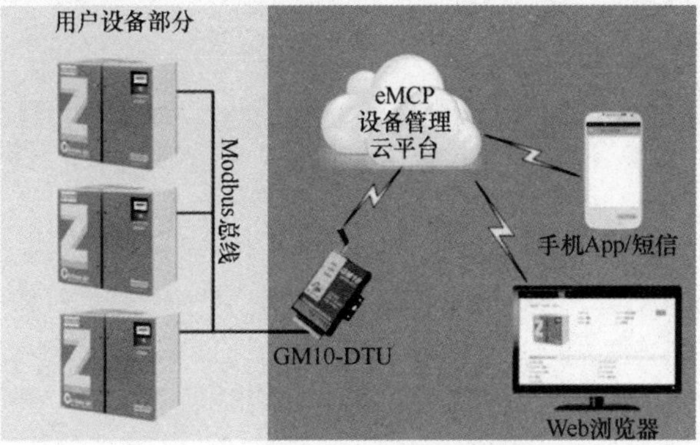

图3-5 eMCP物联网云平台的架构

二、eMCP 物联网云平台的应用

1. 核心功能

eMCP 物联网云平台在空气压缩机上的应用主要是采集各空气压缩机的实时运行数据、报警信息和远程参数，通过多样化的数据实现对每个不同地点、不同时间的空气压缩机的远程管理。其核心功能如图 3–6 所示。

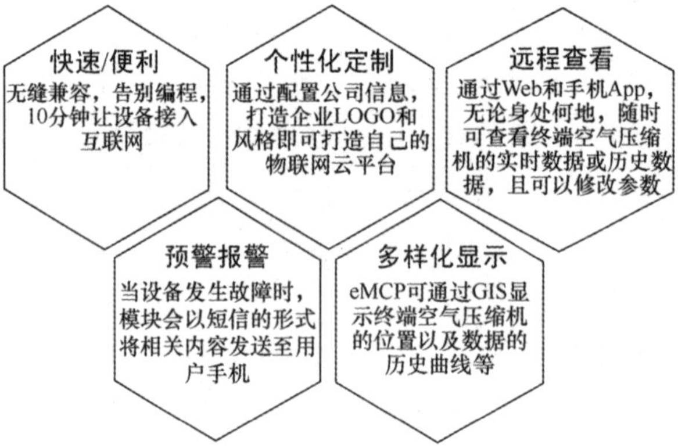

图3–6　eMCP物联网云平台在空气压缩机应用的核心功能

2. 应用前景

河北蓝蜂的 eMCP 物联网云平台在空气压缩机上的应用是通过无线网络长距离通信，使在客户终端的每台空气压缩机通过互联网与生产厂商（或设备服务商）进行实时通信，在互联网环境下不仅安全可控，还可以实现实时在线监测、预案管理、远程控制、安全防范、远程维保、在线升级、统计报表、决策支持等功能。

相关知识

工业物联网产业链

中国工业物联网产业链的参与者主要包括设备制造商、系统集成商、网络运营商、平台供应商。

1. 设备制造商

设备制造商主要为感知层、传输层、现场管理层、应用层等工业物联网各层级的设备厂商。主要的设备厂商有射频识别、传感器、工业仪表、工业相机、芯片、工控机等企业。

全球传感器市场主要由美国、日本、德国的相关企业主导。近年来，国有传感器及仪器仪表市场的占有率不断提高，并涌现出一批具有代表性的企业。我国的DCS产品技术水平也在不断提高，逐步获得市场认可，涌现出一批优秀的企业。

2. 平台供应商

平台供应商主要为工业物联网应用提供支撑，能够为设备制造商提供终端监控和故障定位服务，为系统集成商提供代计费和客户服务，为终端用户提供可靠全面的服务，为应用开发者提供统一、方便、低廉的开发工具等。

我国提供工业物联网平台的企业有：航天云网、三一重工、海尔等，它们依托自身的制造能力和规模优势，率先推出工业物联网平台服务，并逐步实现由企业内应用向企业外服务的拓展。和利时、用友、沈阳机床等企业则基于自身在自动化系统、工业软件与制造装备领域的积累，进一步向平台延伸，尝试构建新时期的工业智能化解决方案。

3. 网络运营商

网络运营商主要提供数据传输，是工业物联网网络层的主体，是连接传感数据和终端应用的中间环节。它们将关注焦点放在了连接和应用这两个层面。其中连接是运营商最擅长的领域，而平台则是运营商未来突围的关键。

国内网络运营商在立足连接和平台的同时，还在向芯片、模组等物联网产品领域发展。例如，中国移动物联网公司的定位有两方面：一方面是作为物联网业务服务的支撑者，提供高效、稳定、安全的物联网专用网络，打造开放的接入平台、能力平台、大数据平台；另一方面是专用芯片和模组的提供者，在通信模组、智能传感器、处理器模组和开源硬件体系等领域开展研发合作与联合推广。

在网络部署方面，未来将会存在两种典型的应用场景：一种是，企业的工业物联网接入移动运营商的物联网网络，比如移动物联网、NB-IoT网络、5G网络等，将数据汇总到公有云中；另一种是，如果企业关注数据安全，则更倾向于先建立专有的工业物联网网络和数据中心，再将一些安全级别低的数据汇总到公有云。

4. 系统集成商

系统集成商主要致力于解决各类设备、子系统间的接口、协议、系统平台、应用软件等与子系统、使用环境、施工配合、组织管理和人员配备相关的集成问题，相关企业包括自动化企业、工业控制系统企业、工业软件企业等。

中国工业控制系统企业主要由三类企业构成：第一类是以和利时、浙大中控、四方继保、南京自动化、三维力控、北京亚控等为代表的工控系统厂商；第二类是以绿盟科技、启明星辰、天融信、中科网威等为代表的传统信息安全厂商；第三类是我国一些专注于工控安全的新兴公司，如力控华康、海天伟业、中京天裕、匡恩科技等。

3.4 工业物联网实施的阶段

工业物联网实施的 4 个阶段如图 3-7 所示。

3.4.1 智能的感知控制阶段

工业物联网感知控制阶段主要实现物联网泛在化的末端智能感知功能，由多样化采集和控制模块组成，包括各种类型的传感器、射频识别传感器，以及中短距离的传感器与无线传感网络等，实现工业物联网的数据采集和设备控制的智能化。

3.4.2 全面的互联互通阶段

工业物联网借助各类传感器实现数据采集，通过工业网关、短距离无线通信、低功耗广域网等互联互通技术，将信息化共性技术与行业特征有效整合，实现无线通信网络、工业以太网、移动通信网络等异构网络的安全、高效融合。工业物联网要充分发挥网络基础设施的应用价值，实现服务模式的创新及流程优化。

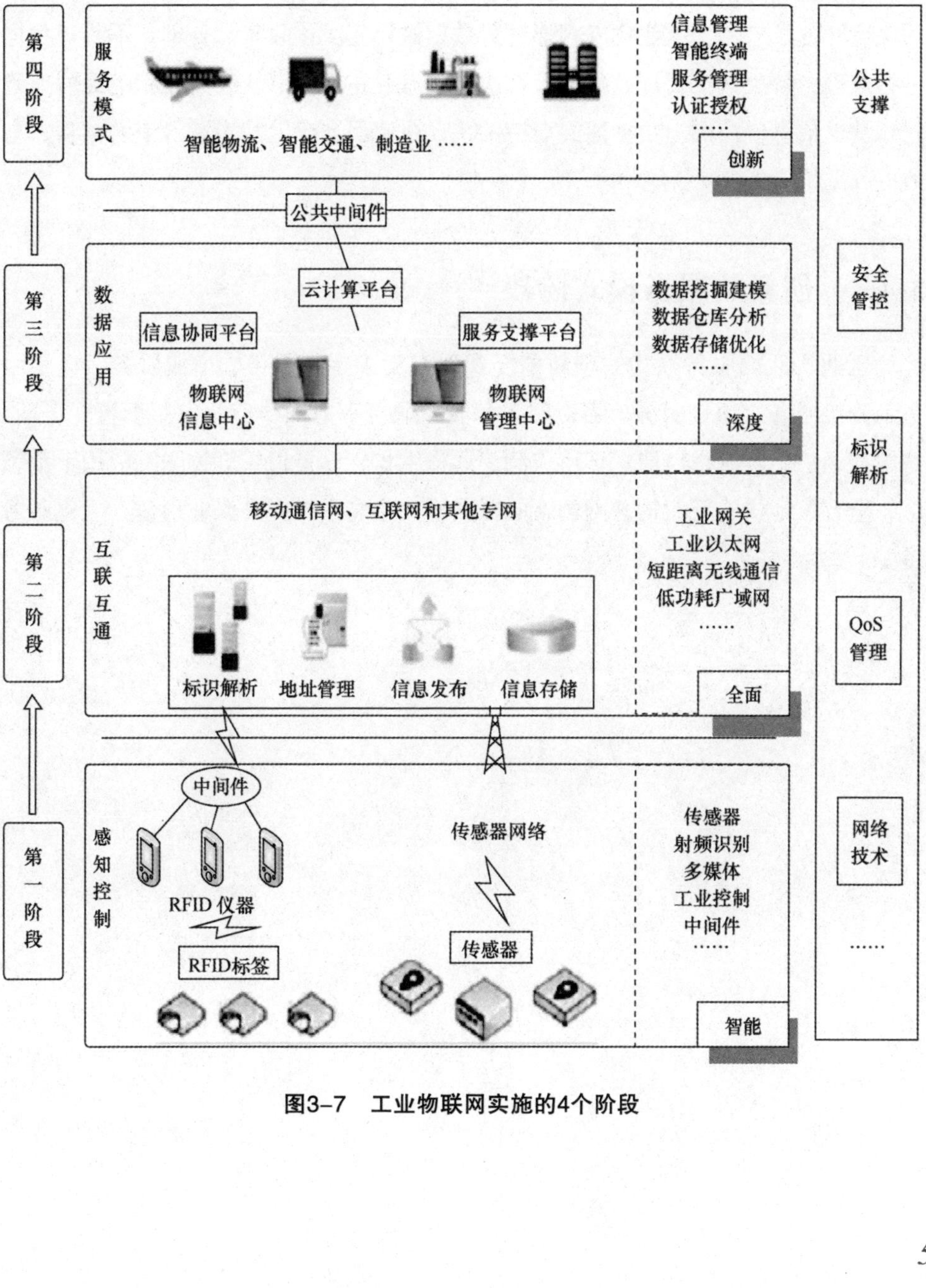

图3-7　工业物联网实施的4个阶段

3.4.3 深度的数据应用阶段

在深度的数据应用阶段，工业物联网利用数据挖掘、数据仓库、分布式存储等技术手段，基于云计算平台，进行数据建模、分析和优化，实现多源异构数据的深度开发及应用。工业物联网通过对数据进行集成化收集和处理，不断对数据进行整理，解决数据提取、集成及数据性能优化的问题；从数据仓库中提取隐藏的预测性信息，挖掘出数据间的潜在关系，快速而准确地找出有价值的信息，有效提高系统的决策支持能力。

3.4.4 创新的服务模式阶段

工业物联网服务模式的创新主要体现在集中定制服务、增值服务、运维服务、升级服务、培训服务、咨询服务和实施服务等方面，广泛应用于智能工厂、智能交通、工艺流程再造、环境监测、远程维护、设备租赁等物联网应用示范领域，全方位地构建工业物联网创新的服务模式生态圈，提升产业价值，优化服务资源。

第4章

工业互联网

工业互联网是制造业与互联网深度融合的产物，也是未来制造业竞争的制高点，正在推动创新模式、生产方式、组织形式和商业范式的深刻变革，推动工业链、产业链、价值链的重塑再造。工业互联网将对未来工业发展产生全方位、深层次、革命性的变革，对社会生产力产生深远的影响。

4.1 工业互联网概述

4.1.1 何谓工业互联网

工业互联网是指工业互联的网，而不是工业的互联网。IT 领域对工业互联网的解释为：工业互联网将智能机器或特定类型的设备与嵌入式技术和物联网结合起来。

在企业内部，工业互联网要实现工业设备（生产设备、物流装备、能源计量、质量检验、车辆等）、信息系统、业务流程、企业的产品与服务、人员之间的互联，实现企业 IT 网络与工控网络的互联，实现从车间到决策层的纵向互联。

在企业间，工业互联网要实现上下游企业（供应商、经销商、客户、合作伙伴）之间的横向互联；从产品生命周期的维度，工业互联网要实现产品从设计、制造、服役，到报废回收再利用整个生命周期的互联。

4.1.2 工业互联网的三大元素

智能机器、高级分析、工作人员为工业互联网的三大元素。这些元素融合起来将为企业与经济体提供新的机遇。例如，传统的统计方法采用历史数据收集技术，这种方式通常将数据、分析和决策分隔开来。随着先进的系统监控和信息技术成本的下降以及工作能力的提高，实时数据处理的规模得以大幅提升。机器分析则为分析流程开辟新维度，各种物理方式的结合、行业特定领域的专业知识、信息流的自动化与预测能力相互结合，最终，工业互联网将涵盖传统方式与新的混合方式。

4.1.3 工业互联网与智能制造的关系

智能制造基于物联网、互联网、大数据、云计算等新一代信息技术，贯穿于设计、生产、管理、服务等制造活动的各个环节，具有信息深度自感知、智慧优化自决策、精准控制自执行等功能。智能制造具有以智能工厂为载体、以生产关键制造环节智能化为核心、以端到端数据流为基础、以全面深度互联为支撑四大特征。

智能制造与工业互联网有着紧密的联系，智能制造的实现主要依托两个方面：第一，工业制造技术，包括先进装备、先进材料和先进工艺等，这是决定制造边界与制造能力的根本；第二，工业互联网，包括智能传感控制软硬件、新型工业网络、工业大数据平台等，它们是充分发挥工业装备、工艺和材料潜能，提高生产效率，优化资源配置效率，创造差异化产品和实现服务增值的关键。因此我们认为，工业互联网是智能制造的关键基础，为其变革提供了必须的共性基础设施，同时也可以用于支撑其他产业的智能化发展。

4.1.4 工业互联网与工业大数据的关系

工业互联网平台需要管理海量的异构（结构化的、半结构化的和非结构化）数据，如来自各种设备、已服役的产品、信息系统和社交媒体的数据。对于工业企业而言，这些数据就是工业大数据，需要用专业的平台来存储、分析、展现，通过数据驱动，实现对产品、制造工艺和设备的监控和优化等功能。由此我们可以看出，工业大数据平台是工业互联网平台的一个子集。

4.1.5 工业互联网平台与工业云平台的关系

工业互联网平台是运行各种工业互联网应用的平台。工业云平台指的是工业领域的云平台，包括IaaS、PaaS、SaaS。工业云平台可为客户提供对软件功能进行配置或二次开发的平台。客户将数据和信息系统存储到云端，从而使工业企业应用信息系统更有利于管理（例如，实现服务器和桌面虚拟化），因此工业云平台本质上属于IT平台。

工业互联网平台是工业云平台的扩展与延伸，不仅支持工业云平台的所有功能，还支持工业物联网的应用。

在IaaS层和边缘（设备端）层，工业互联网平台可实现从设备的控制系统、传感器、可穿戴设备、摄像头和仪表进行数据采集、传输和存储等功能。

在PaaS层，工业互联网平台需要支持更加复杂的算法，例如，利用深度学习技术进行图像分析；利用统计过程控制（Statistical Process Control，SPC）方法分析质量数据；利用仿真技术对设备的数字化模型进行性能仿真；利用地理信息系统（Geographic Information System，GIS）数据对车辆进行定位。

在SaaS层，工业互联网则应当提供功能丰富的App，将原来工业软件固化的功能拆分成很多功能相对独立的插件，可以在PaaS平台即插即用。因此，工业互联网平台比工业云平台要复杂得多。

4.2 工业互联网的体系架构（版本1.0）解析

工业互联网产业联盟（以下简称“联盟”）工作组第二次全体会议通过了《工业互联网体系架构（版本1.0）》，工业互联网体系架构是工业互联网的顶层设计，是对工业互联网重大需求、核心功能、关键要素的明晰和界定。《工业互联网体系架构（版本1.0）》在总结分析国内外发展实践的基础上，明确了工业互联网的内涵，给出了工业互联网的体系架构，提出网络、数据和安全是体系架构的三大核心，并给出了实施建议。《工业互联网体系架构（版本1.0）》是工业互联网产业联盟通过的第一份报告，也是我国首个对工业互联网全面系统阐述的文件。该报告的发布，有利于推动业界对工业互联网形成共识，牵引工业互联网的技术研发、标准化、应用部署和工业互联网的生态建设，促进产业协同，推进工业互联网发展。以下我们将对《工业互联网体系架构（版本1.0）》进行简单的解析。

4.2.1 工业互联网的体系架构

工业互联网的体系架构如图 4-1 所示。

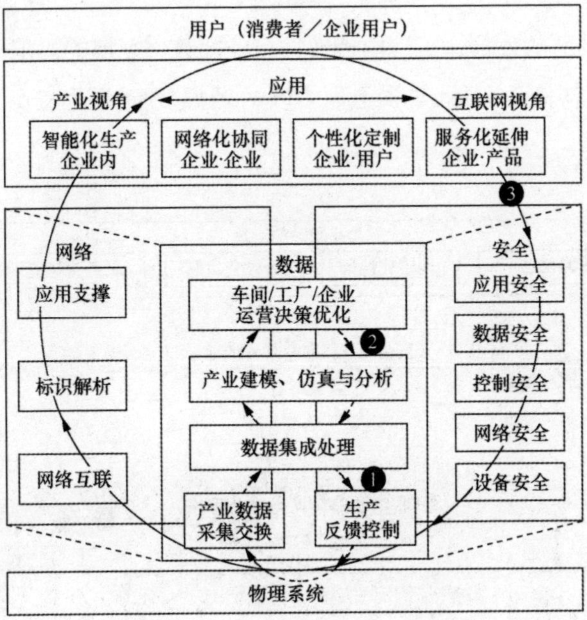

图4-1 工业互联网的体系架构

基于工业互联网的网络、数据与安全，工业互联网将构建面向工业智能化发展的三大优化闭环，具体见表 4-1。

表4-1 三大优化闭环

序号	名称	说明
1	面向机器设备运行优化的闭环	其核心是基于对机器操作数据、生产环境数据的实时感知和边缘计算，实现机器设备的动态优化调整，构建智能机器和柔性生产线
2	面向生产运营优化的闭环	其核心是基于信息系统数据、制造执行系统数据、控制系统数据的集成处理和大数据建模分析，实现生产运营管理的动态优化和调整，形成各种场景下的智能生产模式
3	面向企业协同、用户交互与产品服务优化的闭环	其核心是基于供应链数据、用户需求数据、产品服务数据的综合集成与分析，实现企业资源组织和商业活动的创新，形成网络化协同、个性化定制、服务化延伸等新模式

4.2.2 工业互联网的网络体系

4.2.2.1 工业互联网的网络体系框架

随着智能制造的发展，工厂内部数据与外部数据交换的需求逐步增加，工业互联网呈现以 3 类企业主体、7 类互联主体、8 种互联类型为特点的互联体系，具体如图 4–2 所示。

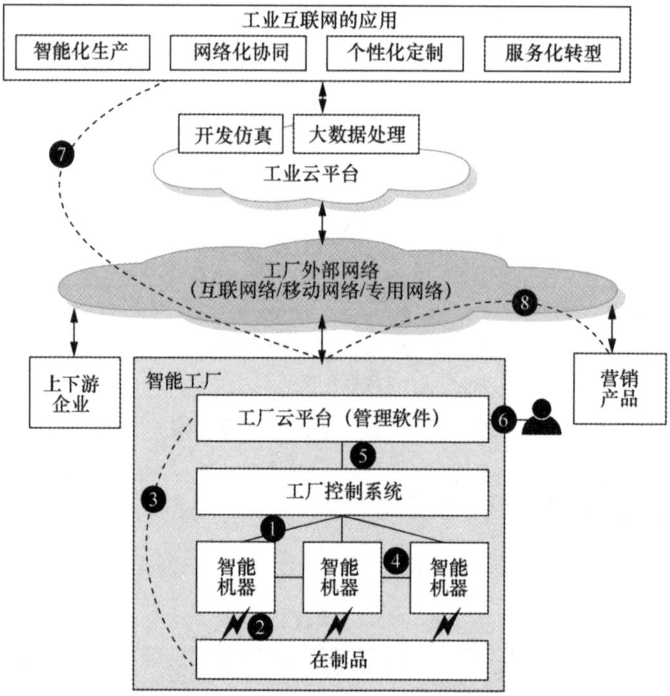

注：① 智能机器与工厂控制系统；② 在制品与智能机器；③ 在制品与工厂云平台（管理软件）；④ 智能机器与智能机器；⑤ 工厂控制系统与工厂云平台（管理软件）；⑥ 工厂云平台（管理软件）与用户；⑦ 工厂云平台（管理软件）与协作平台；⑧营销产品与工厂。

图4–2 工业互联网的互联示意

3 类企业主体包括工业制造企业、工业服务企业（围绕设计、制造、供应、服务等环节提供服务的各类企业）和互联网企业，这 3 类企业的角色在不断渗透、相互转换。7 类互联主体包括在制品、智能机器、工厂控制系统、工厂云平台、智能产品、工业互联网应用、工厂，工业互联网将互联主体从传统的自动化控制进一步扩展到产品全生命周期的各个环节。8 种互联类型包括了 7 类互联主体之间复杂多样的互联关系。

以上互联需求的发展，促使工厂网络发生新的变革，形成工业互联网整体的网络架构，该架构具体如图 4-3 所示。

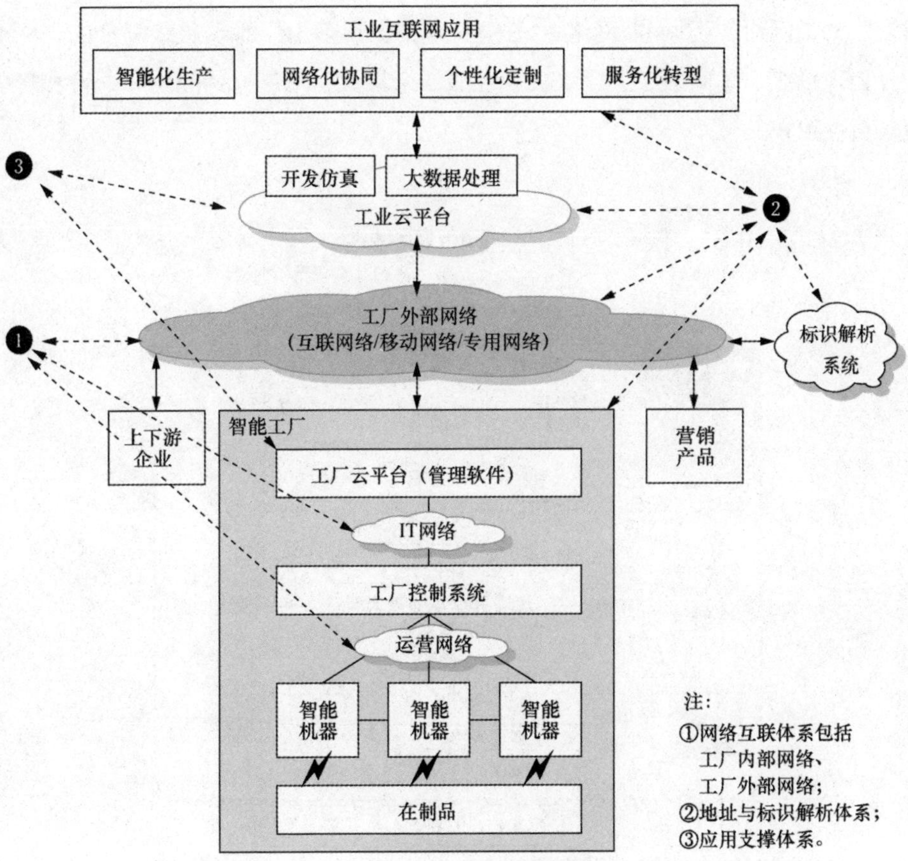

图4-3 工业互联网整体的网络体系框架

4.2.2.2 网络互联体系

网络互联体系即以工厂网络 IP 化改造为基础的工业网络体系，包括工厂内部网络和工厂外部网络。工厂内部网络包含工厂 IT（Information Technology，信息技术）网络和工厂 OT（Operation Technology，运营技术）网络，用于连接在制品、智能机器、工业控制系统、人等主体。工厂外部网络用于连接企业上下游、企业与智能产品、企业与用户等主体。

1. 工厂内部网络

工厂内部网络是在工厂内部用于实现生产要素以及 IT 系统之间互联的网络。总体来看，工厂内部网络呈现“两层三级”的结构，如图 4-4 所示。“两层”是指工厂 OT 网络和工厂 IT 网络；“三级”是根据目前工厂管理层级划分的，网络被分为现场级、车间级、工厂级 / 企业级 3 个层次，每层之间的网络配置和管理策略相互独立。

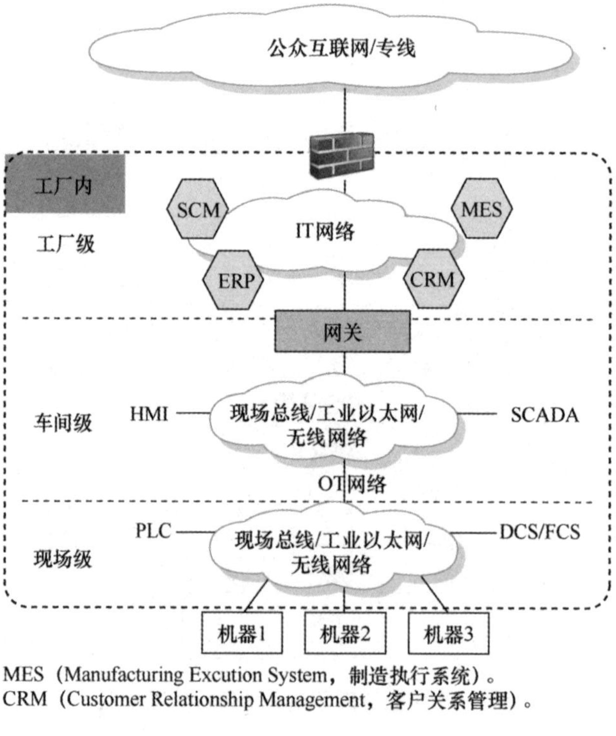

MES（Manufacturing Excution System，制造执行系统）。
CRM（Customer Relationship Management，客户关系管理）。

图4-4　工厂内部网络的连接现状

其中，工厂 OT 网络主要用于连接生产现场的控制器、传感器、伺服器、监控设备等。工厂 OT 网络的主要实现技术分为现场总线和工业以太网两大类。工厂 IT 网络主要由 IP（Internet Protocol，网际互联协议）网络构成，并通过网关设备实现与互联网和工厂 OT 网络的互联和安全隔离。

目前，工厂内部网络“两层三级”技术体系和网络结构相互隔离的状况使 IT 系统与生产现场之间的通信存在较多障碍。为适应智能制造的发展，工厂内部网络呈现四大趋势：扁平化、以太网 /IP 化、无线化及灵活化，具体如图 4-5 所示。

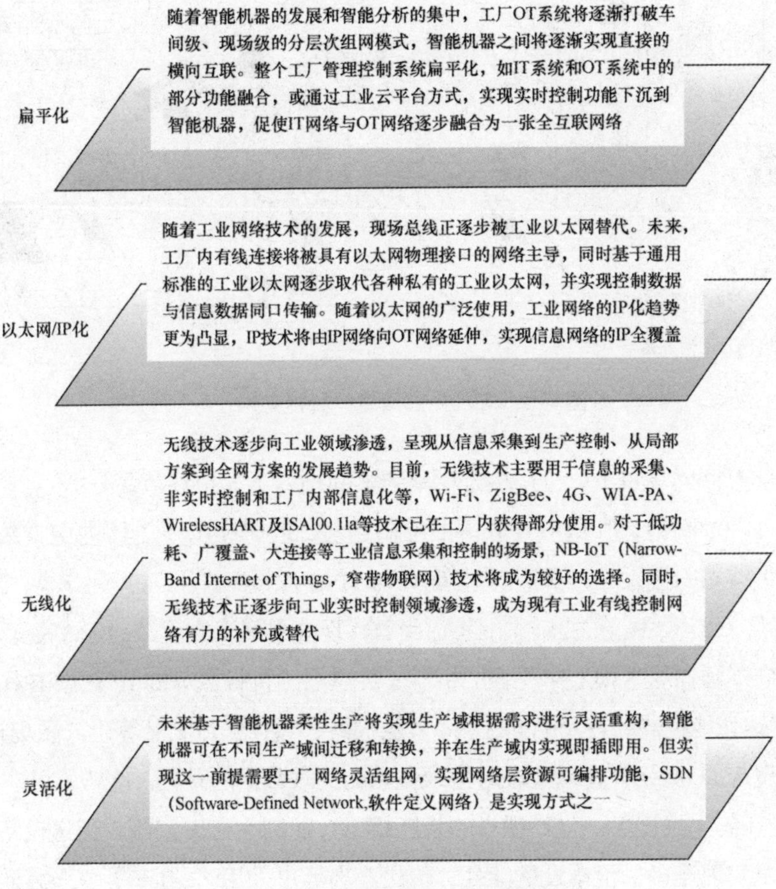

图4-5　工厂内部网络的四大趋势

基于以上发展趋势，工厂内部网络的目标架构如图 4-6 所示。

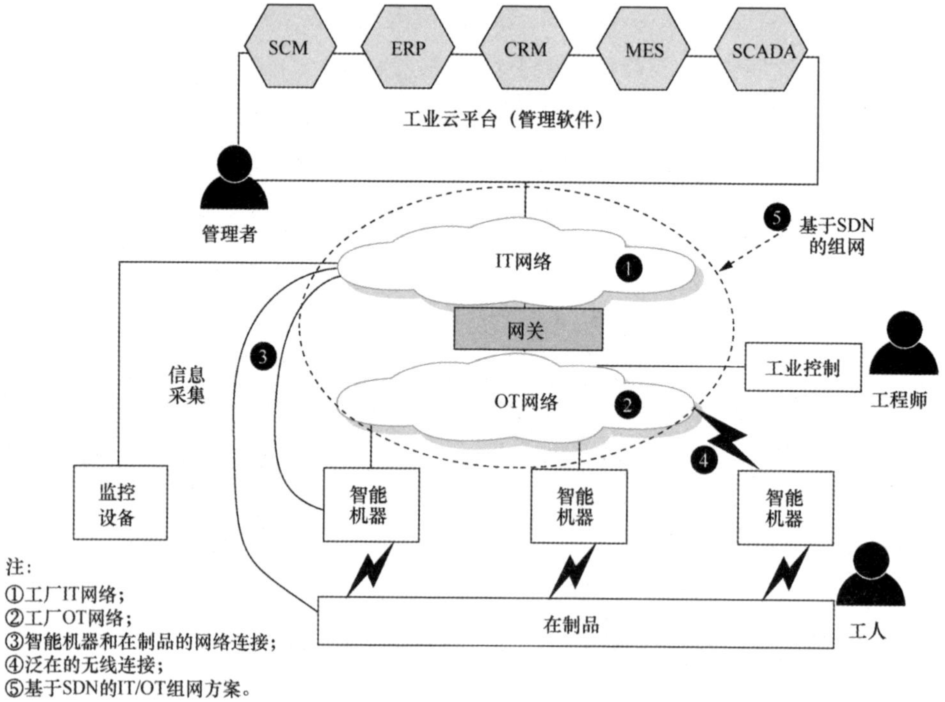

图4-6　工厂内部网络的目标架构

在工业互联网场景下，工厂内部网络方案包括以下 5 个环节。

① 工厂 IT 网络。为适应互联网的发展趋势，同时也为了工厂内庞大数量的生产、监控终端的接入，IT 网络应支持 IPv4/IPv6 双栈。

② 工厂 OT 网络。工业以太网将逐步替代现场总线，实现“e 网到底”。同时在以太网向下延伸的基础上实现智能机器、传感器、执行器等的 IP 化或 IPv6 化。

③ 直达智能机器和在制品的连接。智能机器、传感器、在制品等生产现场设备、物品将实现与 IT 网络直连以实现对生产现场的实时数据的采集。

④ 泛在的无线连接。生产现场的智能机器、在制品、传感器、运送设备等通过无线技术实现连接，根据设备能耗、传送距离等可采用 ZigBee 等短距离通信技术或 Wi-Fi、LTE（Long-Term Evolution，长期演进）增强、NB-IoT、5G 等无线技术。

⑤ 基于 SON（Self-Organizing Network，自组织网络）的 IT/OT 组网方案。IT 网络和 OT 网络采用 SON 技术，实现控制平面与转发平面的分离。SON 控制

器与制造控制系统（如 MES 等）协同进行网络资源调度，支撑柔性制造和生产自组织。

2. 工厂外部网络

工厂外部网络主要是指以支撑工业全生命周期各项活动为目的，用于连接企业上下游之间、企业与智能产品、企业与用户的网络。

随着网络和信息技术、服务模式的发展，原来局限在工厂内的工业生产过程被逐步扩展到外部网络，工业生产信息系统与互联网正在走向融合，具体见表 4-2。

表4-2 工业生产信息系统与互联网的融合

序号	融合方面	说明
1	企业IT系统与互联网融合	从网络层面看，工厂内部IT网络向外网延伸。企业将其IT系统（如ERP、CRM等）托管在互联网的云服务平台中，或利用SaaS服务商提供的企业IT软件服务
2	OT系统与互联网协同	从网络层面看是部分OT系统网络向外网的延伸。在一些人力较难达到，且又需要实现生产过程调整和维护的场景下，需要通过可靠的互联网连接，实现远程的OT系统控制
3	企业专网与互联网融合	这类融合将在公众网络中为企业生成独立的网络平面，并可对带宽、服务质量等进行灵活、快速的定制。这类业务场景需要具有独立的网络资源控制能力、开放的网络可编程能力，以及定制化的网络资源（如带宽、服务质量等）
4	产品服务与互联网融合	这类融合通过智能工业产品的信息采集和联网功能为工业企业提供新的产品服务模式。工业企业基于这些平台可以为用户提供产品监测、预测性维护等延伸服务，从而延长了工业生产的价值链。这类业务的基础是对海量产品进行数据采集与监测，还需要通过无线等技术实现工业产品的泛在接入

工业与外部网络的进一步融合，将推动个性化定制、远程监控、智能产品服务等的发展。为此，工厂外部网络需要具备更高速率、更高质量、更低时延、安全可靠、灵活组网的能力。

4.2.2.3 地址与标识解析体系

地址与标识解析体系即由网络地址资源、标识、解析系统构成的关键基础资源体系。工业互联网标识类似于互联网域名，用于识别产品、设备、原材料等。

工业互联网中的标识解析系统类似于互联网中的域名解析系统，是整个网络实现互联互通的关键。

目前国内外存在多种标识编码及标识解析方案。标识编码尚未统一，中小型企业内部大量使用自定义的私有标识，而涉及流通环节的供应链管理、产品溯源等应用模式正在逐步尝试跨企业的公有标识。

目前标识解析体系的发展具有以下三大趋势。

① 闭环的私有标识及解析系统正在逐步向开环的公共标识及解析系统演进。目前，标识技术在资产管理、物流管理等环节得到应用和推广，并正在向生产环节渗透。随着面向产品全生命周期管理及跨企业产品信息交互需求的增加，标识解析体系将推动企业标识系统与公共标识解析系统的对接。标识对象随着自动化标识技术的逐步升级，初期可能侧重于产品标识，之后逐步覆盖原材料、软件系统等各种管理对象和要素。

② 多种标识解析体系在一定时期内共存。基于改良路径的方案和基于变革路径的方案在国内外均已启动并形成一定规模的布局。目前，已有的标识类应用现状在短期内难以实现标识解析体系的统一。目前多种方案已具备互通能力，可以相互兼容、互通和共存。

③ 公平对等是标识解析的重要发展方向。传统互联网的治理格局长期不变，DNS（Domain Name System，域名系统）集中化的单边管理机制容易受到黑客攻击，又存在控制权争议问题。目前，国内外已经提出并开始布局多种新型标识解析体系方案，如 ONS（模拟器）在 2.0 版本已经支持并连根，Handle 方案采用平行根设计，它们的共同特征是倾向于分布式的多边管理机制，更强调公平、对等原则。

4.2.2.4　应用支撑体系

应用支撑体系即工业互联网业务应用交互和支撑的能力，包含工业云平台和工厂云平台，及其提供的各种资源的服务化表述、应用协议。

1. 工业互联网应用支撑体系的 3 个层面

工业互联网应用支撑体系包括如图 4-7 所示的 3 个层面。

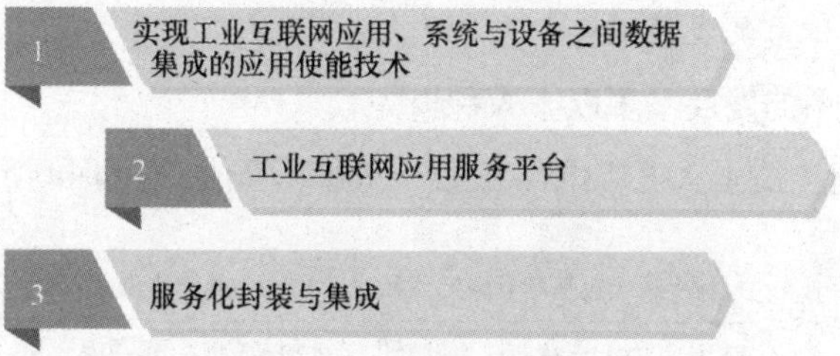

图4–7　工业互联网应用支撑体系的3个层面

（1）实现工业互联网应用、系统与设备之间数据集成的应用使能技术

工业互联网应用、系统与设备是支撑工业企业内部或工业企业与互联网数据分析平台之间实现数据集成和互操作的基础。工业互联网中应用使能技术的主要作用是在异构系统（不同的操作系统、不同的硬件架构等）之间实现数据层面的相互“理解”，实现信息集成与互操作。OPC（OLE for Process Control，用于过程控制的 OLE）是目前应用较广泛的工厂内应用使能技术，定义了一套通用的数据描述和语法表达方法（信息模型），每个系统可以将各自的数据信息以 OPC 的格式进行汇集，从而可以被其他系统所获取和集成。

（2）工业互联网应用服务平台

工业互联网应用服务平台目前主要是集成和部署各类工业云服务能力和资源的平台，以实现在线设计研发、协同开发等工业云计算服务。这类服务主要面向中小工业企业：一方面在线的集成设计云服务可以为工业企业提供设计资源和工具服务；另一方面开展基于云平台的多方协作、设计众包等新型开发方式，可实现制造资源的高效整合。目前，一些工业云服务平台通过应用使能技术，实现对生产现场数据的有效采集与分析，并将结果应用于企业管理与决策中。

（3）服务化封装与集成

工业企业服务化封装与集成主要集中在工厂运营层信息系统中，大型企业通过企业服务总线将 ERP、CRM、MES 等系统通过 SOA（Service–Oriented Architecture，面向服务的结构）化的形式进行资源集成，为企业运营提供基础管理的支撑。在此基础上，向工厂／车间下沉的 MES 或者 SCADA 系统基本停留在以业务逻辑预置开发、数据库为中心的交互模式，而底层的设备、物料等生产资源仍无法实现 SOA 化的服务资源调度。

2. 应用支撑体系的发展趋势

应用支撑体系的发展呈现以下 3 种趋势。

① 云计算逐步被引入工厂内部和工厂外部，具体如图 4−8 所示。

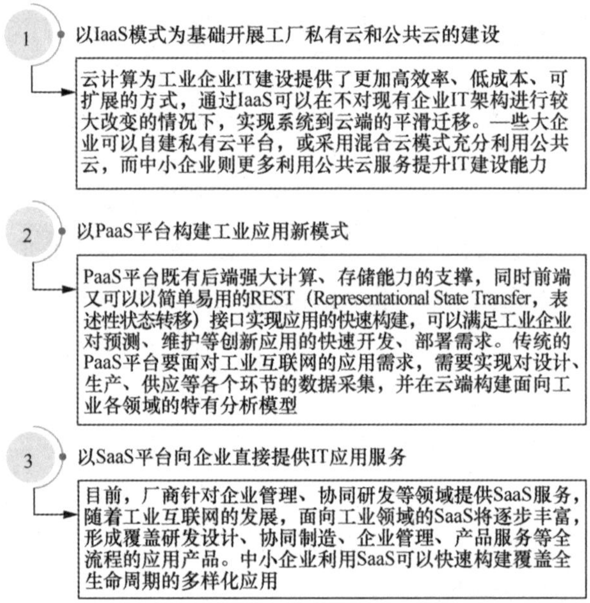

图4−8　云计算在应用支撑体系中的发展趋势

② 应用使能技术在工厂内外呈现不同趋势，具体如图 4−9 所示。

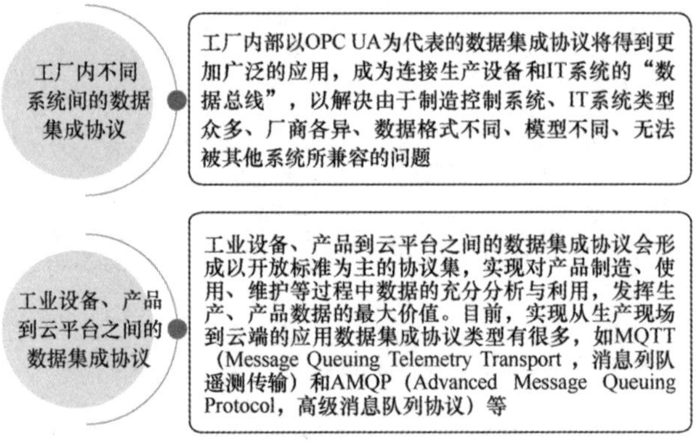

图4−9　应用使能技术在工厂内外呈现不同趋势

③ 服务化封装与集成成为解决异构应用、系统与设备协同的重要手段。随着

工业互联网的发展，各种智能设备、控制系统、信息系统、智能产品等将在工厂内部及整个互联网中实现互联与协作。这些设备与系统的功能将被进行服务化封装，如通过服务化将生产设备由传统的数据源转换为可重组的服务单元，从而可以简化各类业务与应用系统的开发，这正在成为重要的发展方向。其中，基于语义的服务化封装可以有效地解决异构设备与系统的抽象与可认知问题。

3. 目标架构

工业互联网场景下应用支撑体系方案包括4个主要环节，具体如图4-10所示。

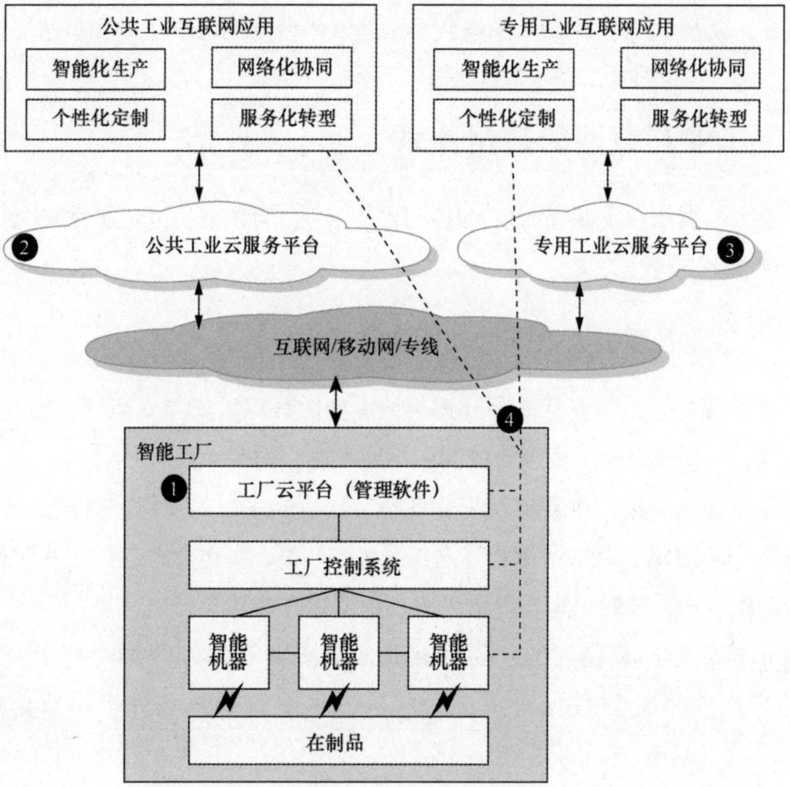

注：① 工厂云平台；② 公共工业云服务平台；③ 面向行业或大型企业的专用工业云服务平台；④ 应用支撑协议。

图4-10 工业互联网应用支撑体系

① 工厂云平台。大型企业内部可建设专有云平台，实现企业/工厂内的IT系统集中化建设，并通过标准化的数据集成，对内开展数据分析和运营优化。同

时，企业还可以考虑混合云模式，将部分数据能力及信息系统移植到公共云平台，便于实现基于互联网的信息共享与服务协作。

② 公共工业云服务平台。这是面向中小工业企业开展的设计协同、供应链协同、制造协同、服务协同等新型工业互联网应用模式，可提供 SaaS 类服务的平台。

③ 面向行业或大型企业的专用工业云服务平台。这是面向大型企业或特定行业，提供以工业数据分析为基础的专用云计算服务的平台。

④ 应用支撑协议。它包括工厂内各生产设备、控制系统和 IT 系统间的数据集成协议，以及生产设备、IT 系统到工厂外云平台间的数据集成和传送协议。

4.2.3 工业互联网的数据体系

工业大数据指在工业领域信息化应用中所产生的数据，是工业互联网的核心，是工业智能化发展的关键。

4.2.3.1 工业互联网大数据的功能架构

从功能视角看，工业互联网数据架构主要由数据采集与交换层、数据预处理与存储层、数据建模层、决策与控制应用层组成，如图 4-11 所示。

数据采集与交换层主要实现工业各环节数据的采集与交换，数据源既包含来自传感器、SCADA、MES、ERP 等内部系统的数据，也包含来自企业外部的数据，主要有对象感知、实时采集与批量采集、数据核查等功能。

数据预处理与存储层的关键目标是实现工业互联网数据的初步清洗、集成，并将工业系统与数据对象进行关联，主要有数据预处理、数据存储等功能。

数据建模层根据工业实际元素与业务流程，在数据分析的基础上构建用户、设备、产品、产线、工艺等数字化模型，并结合数据分析层提供的数据报表、知识库等，为各类决策的产生提供数据支持。

决策与控制应用层主要是基于数据分析结果，生成描述、诊断、预测、决策、控制等不同应用，形成优化决策建议或产生直接控制指令，从而实现个性化定制、智能化生产、协同化组织和服务化制造等创新模式，并将结果以数据化形式存储，最终构成从数据采集到设备、生产现场及企业运营管理持续优化的闭环。

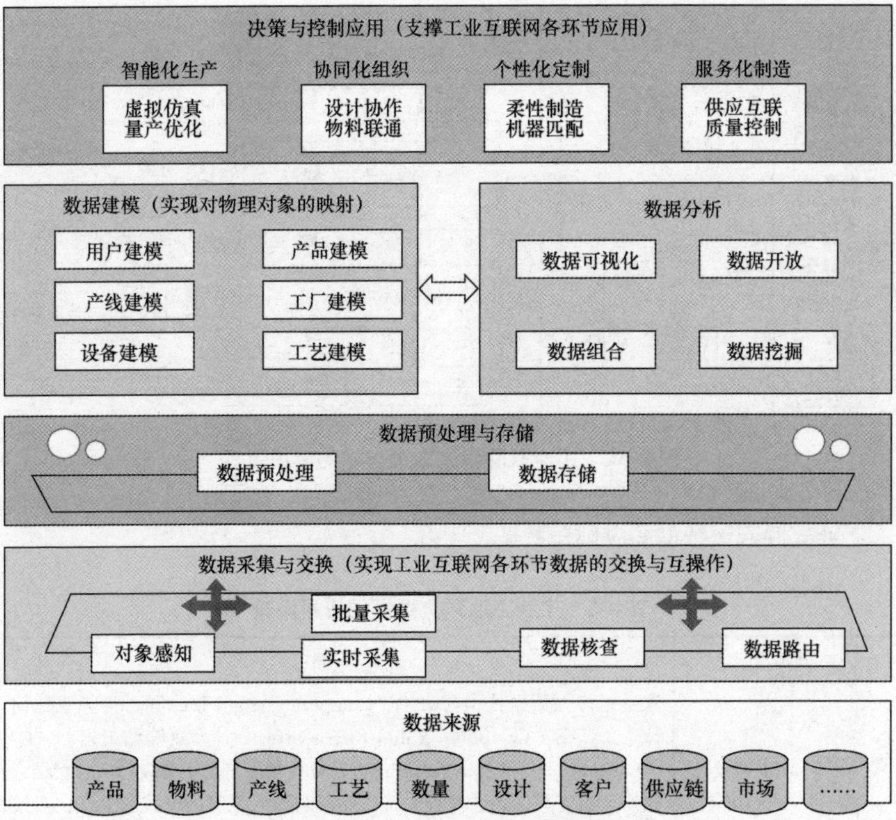

图4-11 工业互联网数据体系参考架构

4.2.3.2 工业互联网大数据的应用场景

工业互联网大数据的应用覆盖工业生产的全流程和产品的全生命周期。工业互联网大数据的作用主要表现在状态描述、诊断分析、预测预警、辅助决策等方面，在智能化生产、网络化协同、个性化定制和服务化转型 4 类场景下发挥着核心的驱动作用。工业互联网大数据技术的应用示意如图 4-12 所示。

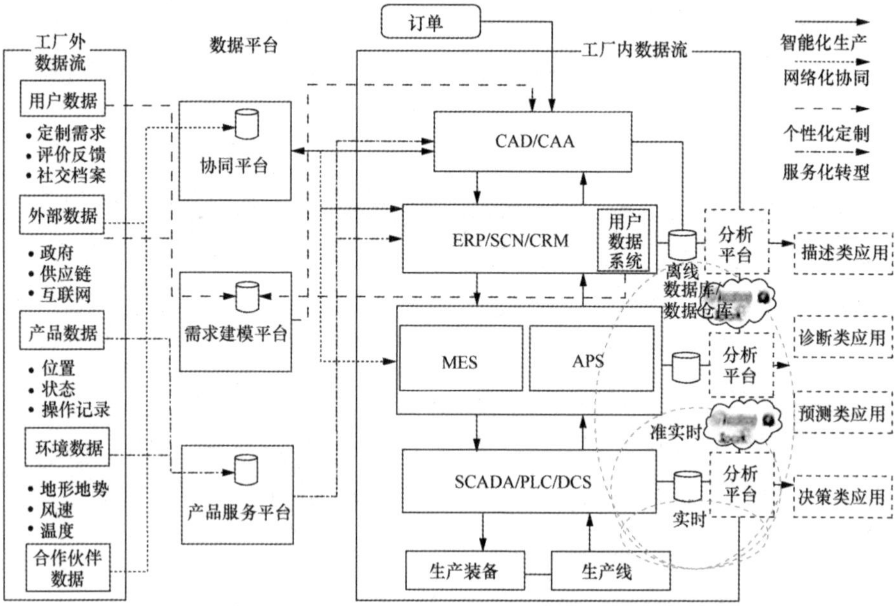

图4-12 工业互联网大数据技术的应用示意

工业互联网大数据的应用场景见表 4-3。

表4-3 工业互联网大数据的应用场景

场景		说明
智能化生产中的工业大数据应用	虚拟设计与虚拟制造	这是指将大数据技术与CAD（Computer Aided Design，计算机辅助设计）、CAE（Computer Aided Engineering，计算机辅助工程）、CAM（Computer Aided Manufacturing，计算机辅助制造）等设计工具相结合，找出产品方案、工艺流程、工厂布局与投入之间的模式和关系，对过去彼此孤立的各类数据进行汇总和分析，建立设计资源模型库、历史经验模型库，进而优化产品设计、工厂布局规划方案，并缩短产品的研发周期
	生产工艺与流程优化	这是指应用大数据分析功能评估和改进当前操作工艺的流程，对偏离标准工艺流程的情况进行报警，快速地发现错误或者瓶颈，快速优化与调整生产过程中的工艺流程
	设备预测维护	这是指建立大数据平台，从现场设备状态监测系统和实时数据库系统中获取设备振动、温度、压力、流量等数据，并在大数据平台对数据进行存储管理，进一步通过构建基于规则的故障诊断、基于案例的故障诊断、设备状态劣化趋势预测、部件剩余寿命预测等模型，通过数据分析预测与诊断设备故障

续表

场景		说明
智能化生产中的工业大数据应用	智能生产排程	收集客户订单、生产线、人员等数据，通过大数据技术发现历史预测与实际的偏差概率，考虑产能约束、人员技能约束、物料可用约束、工装模具约束，通过智能的优化算法，制定预计划排产，并监控计划与现场实际的偏差，动态地调整计划排产
	产品质量优化	通过收集生产线、产品等的实时数据和历史数据，并根据经验建立大数据模型，对有质量缺陷产品的生产全过程进行回溯，快速确定原因，改进生产问题，从而优化和提升产品的质量
	能源消耗管控	对企业生产线各关键环节能耗排放和辅助传动输配环节的实时监控，收集生产线、关键环节能耗等相关数据，建立能耗仿真模型，进行多维度能耗模型仿真预测分析，获取生产线各环节节能空间的数据，协同操作智能优化负荷与能耗平衡，从而实现整体生产线柔性节能降耗减排，及时发现能耗的异常或峰值情况，实时优化生产过程中的能源消耗
网络化协同中的工业大数据应用	协同研发与制造	基于统一的设计平台和制造资源信息平台，集成设计工具库、模型库、知识库及制造企业生产能力信息。不同地域的企业或分支机构可以通过工业互联网网络访问设计平台获取相同的设计数据，也可获得同类制造企业的闲置生产能力，实现多站点协同、多任务并行、多企业合作的异地协同设计与制造要求
	供应链配送体系优化	通过射频识别技术等产品电子标识技术、物联网技术以及移动互联网技术获得供应商、库存、物流、生产、销售等完整产品供应链的大数据，并对数据进行分析，确定采购物料数量、运送时间等，优化供应链
个性化定制中的工业大数据应用	用户需求挖掘	建立用户对商品需求的分析体系，挖掘用户深层次的需求，并建立科学的商品生产方案分析系统，结合用户需求，形成满足消费者预期的各品类生产方案等，实现对市场的预知性判断
	个性化定制生产	采集客户个性化需求数据、工业企业生产数据、外部环境数据等信息，建立个性化产品模型，将产品方案、物料清单、工艺方案通过制造执行系统快速传递到生产现场，及时调整产线和准备物料，快速生产出符合个性化需求的定制化产品
服务化转型中的工业大数据应用	产品远程服务	通过搭建企业产品数据平台，围绕智能装备、智能家居、可穿戴设备、智能联网汽车等多类智能产品，采集产品数据，建立产品性能预测分析模型，提供智能产品的远程监测、诊断与运维服务，创造产品的新价值，实现制造企业的服务化转型

4.2.4 工业互联网的安全体系

1. 安全需求的两个视角及 5 个重点

工业互联网的安全需求可以从工业和互联网两个视角分析，具体如图 4-13 所示。

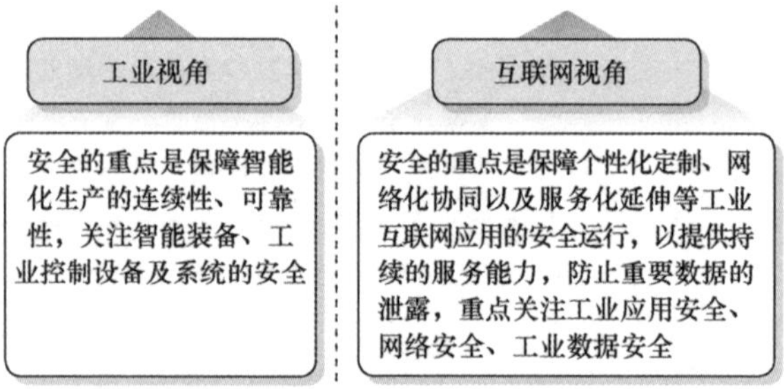

图4-13 安全需求的两个视角

从构建工业互联网安全保障体系的角度考虑，工业互联网安全体系框架主要包括 5 个重点，具体见表 4-4。

表4-4 工业互联网安全保障体系框架的5个重点

序号	重点	说明
1	设备安全	这是指工业智能装备和智能产品的安全，如芯片安全、嵌入式操作系统安全、相关应用软件安全以及功能安全等
2	网络安全	这是指工厂内有线网络、无线网络的安全，以及工厂外与用户、协作企业等实现互联的公共网络的安全
3	控制安全	这是指生产控制安全，如控制协议安全、控制平台安全、控制软件安全等
4	应用安全	这是指支撑工业互联网业务运行的应用软件及平台的安全
5	数据安全	这是指工厂内部重要的生产管理数据、生产操作数据以及工厂外部数据（如用户数据）等各类数据的安全

2. 工业互联网的安全体系框架

基于安全需求的工业互联网安全体系框架如图 4-14 所示。

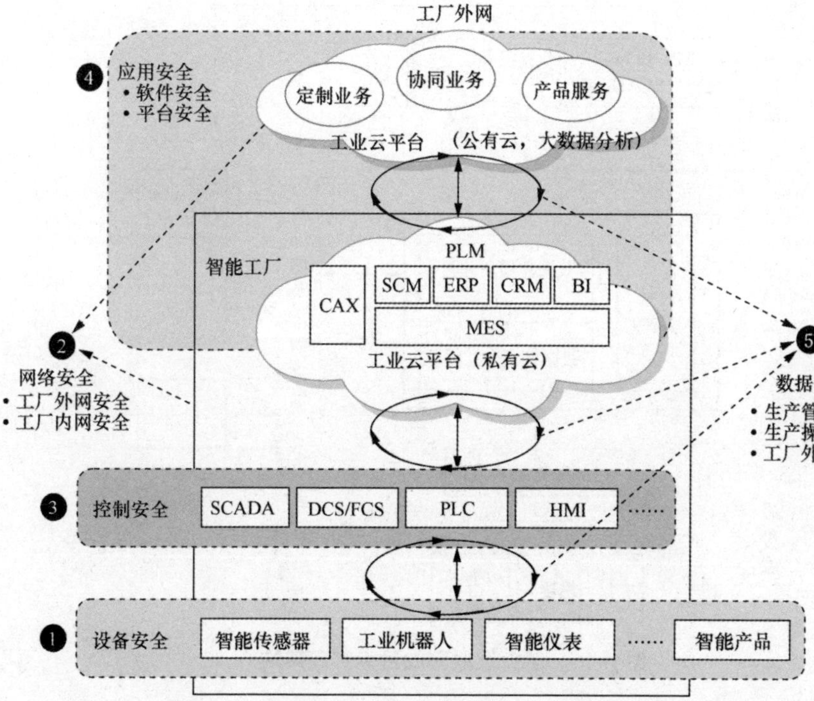

图4-14 工业互联网安全体系框架

4.2.5 工业互联网的实施

4.2.5.1 工业互联网目标实现架构

在工业互联网背景下，工业系统在网络互联、数据智能、安全保障等方面将进行快速的迭代发展，云计算和大数据技术被逐步引入，扁平化的软硬件部署架构成为重要的发展趋势，从而引发工业系统各层级网络、数据和安全的深刻变化。结合工业互联网网络、数据、安全发展趋势，《工业互联网体系架构（版本 1.0）》给出的工业互联网目标实现架构如图 4-15 所示。

工业互联网目标实现架构主要呈现如图 4-16 所示的四大特征。

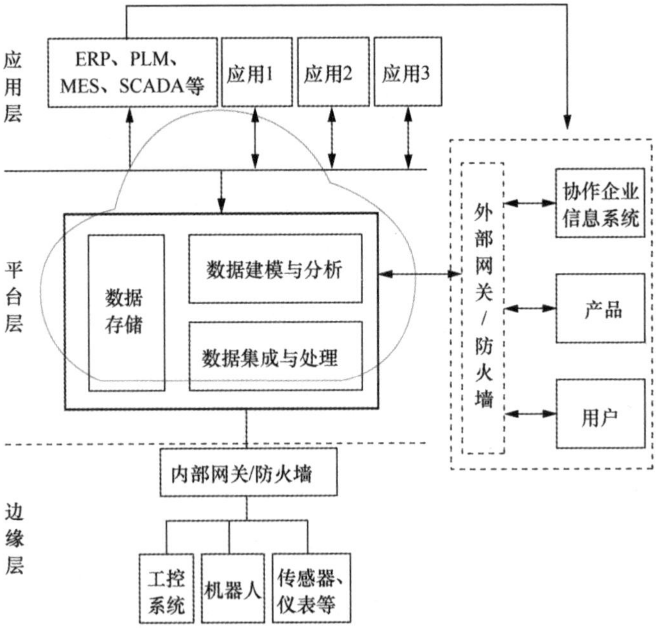

图4-15　工业互联网的目标实现架构

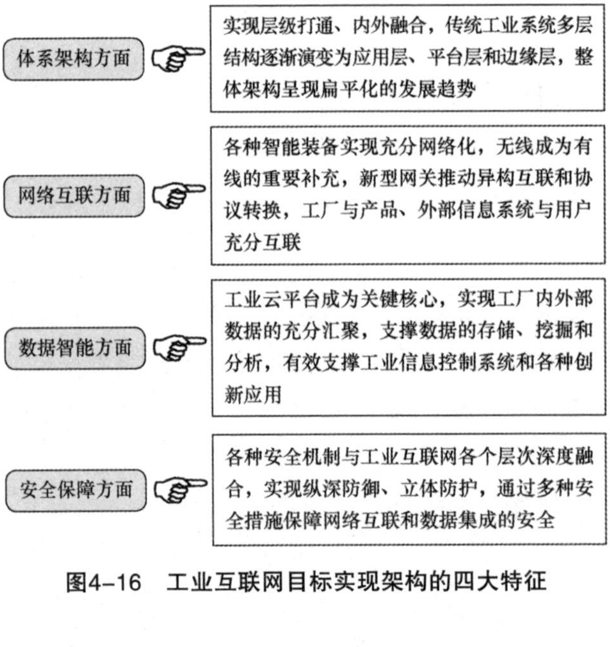

图4-16　工业互联网目标实现架构的四大特征

4.2.5.2 应用支撑的实施

应用支撑的实施主要解决工业互联网的各种数据、服务的集成分析和利用，并为上层工业互联网应用提供支撑，关键作用是推动工厂／工业云平台的建设，提供数据存储分析处理、应用支撑、开放接口等。

（1）工厂云平台的实施

工厂云平台的实施即在工厂内部部署云平台，汇集工厂内部的各种数据，包括来自产线上传各类机器、仪表等的数据以及来自工厂信息系统和管理系统的数据，如图 4-17 所示。工厂云平台根据需要还可以对外互联，汇聚来自用户、产品、协作企业的信息，最终目标是实现对设备、产线、工厂等物理对象以及工艺、加工流程等的无损数字化映射与描述，在此基础上还可以实现对这些软硬件的服务化组合与调用，同时还可以为 MES、ERP 等工业信息系统提供运行平台环境。

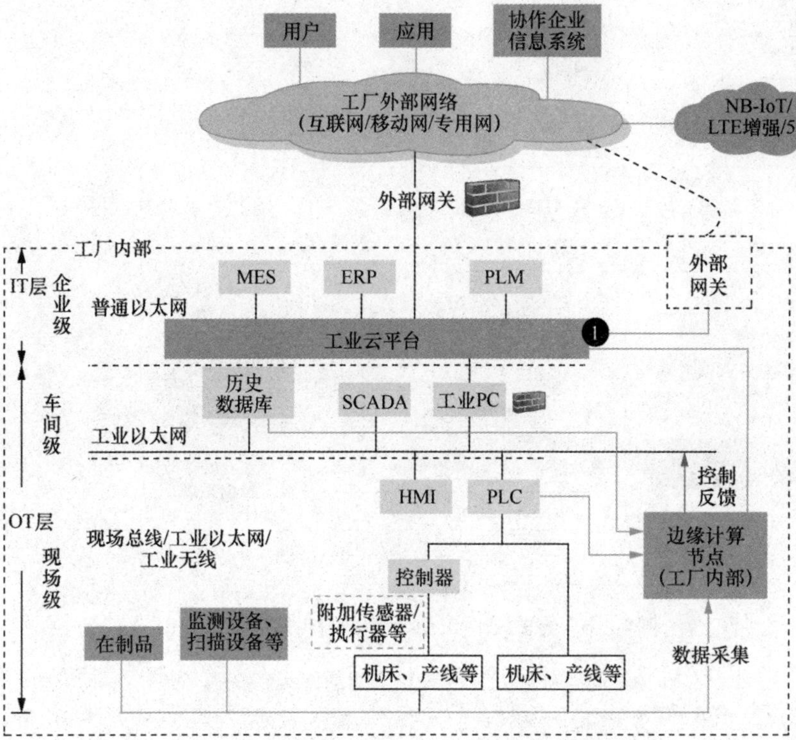

图4-17 方式一：工厂云平台的实施

（2）工业云平台的实施

工业云平台部署在互联网等公共网络上，汇集来自设计、生产、物流、市场、产品、用户等工业互联网价值链上的数据，目标是实现围绕生产全生命周期、全价值链的全局数据的分析和优化，如图 4-18 所示。工业云平台可以与工厂信息系统交互，使工业云平台可以调用工厂内部数据，工厂内部信息系统也可以调用外部数据。

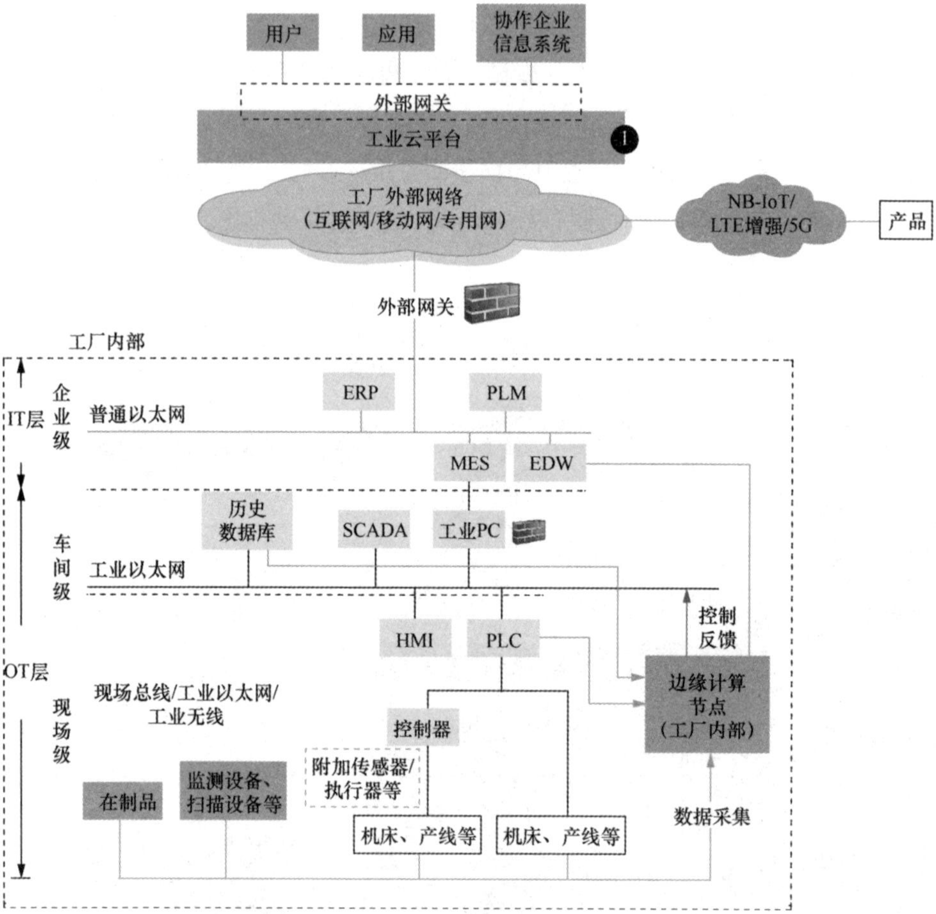

图4-18　方式二：工业云平台的实施

（3）混合云的实施

混合云的实施即工厂云平台与工业云平台协同部署的方式，如图 4-19 所示。

企业内部耦合紧密的信息或系统运行在工厂云平台上，而将适宜对外提供的数据、服务或对外交互的系统运行在工业云平台上。

同时，工厂／工业云平台与边缘计算节点之间应相互隔绝，边缘计算节点根据实时性、安全性隐私等要求，对数据进行本地化处理，同时将过滤后的数据传送到工厂／工业云平台，形成“基于云计算的全局优化＋基于边缘计算的局部优化”。

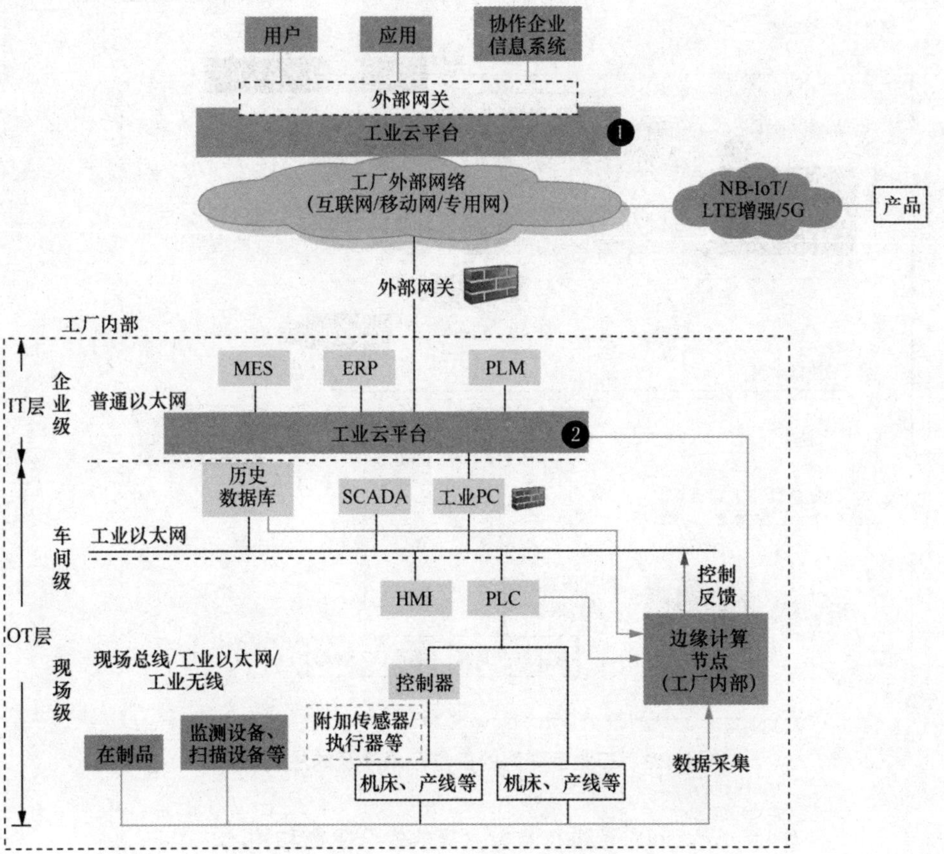

图4-19 方式三：混合云的实施

4.2.5.3 工业互联网安全的应用

工业互联网的安全应用涉及的主要环节如图 4-20 所示。

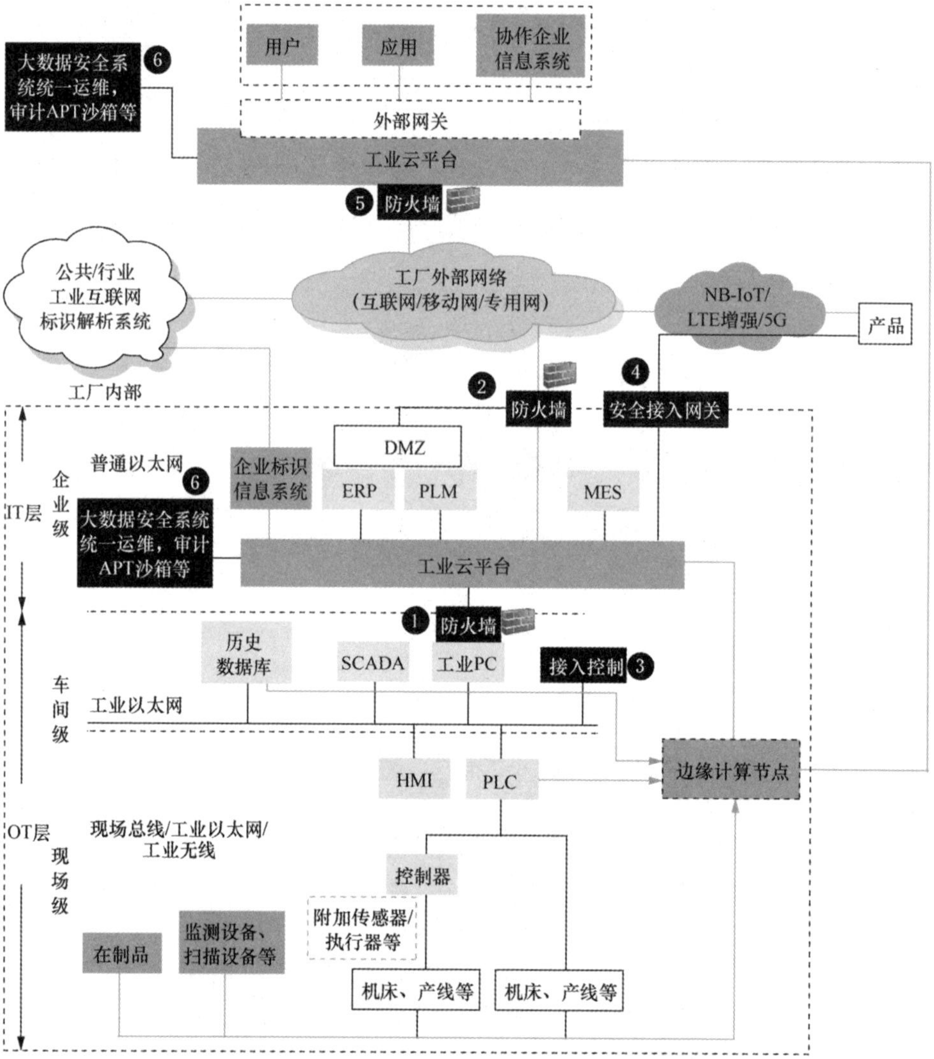

图4-20 工业互联网的安全应用涉及的主要环节

（1）各互联单元之间应该进行有效可靠的安全隔离和控制

工厂互联网各互联单元之间应该进行有效可靠的安全隔离和控制，具体措施如图 4-21 所示。

（2）强化智能产品和网络传输数据的安全防护

工业互联网安全实施应当强化智能产品和网络传输数据的安全防护，具体措施如图 4-22 所示。

1. 工业控制系统与工业信息系统之间，应部署防火墙
2. 工厂外部对工厂内部云平台的访问应经过防火墙，并提供DDoS（Distributed Denial of Service，分布式拒绝服务）防御等功能，ERP、PLM等与外部进行交互的服务系统和接口应部署在DMZ（Demilitarized Zone，隔离区），同时部署网络入侵防护系统，对主流的应用层协议及内容进行识别，高速、高效地自动检测和定位各种业务层受到的攻击和威胁
3. 工厂内部所有接入工厂内部云平台、工厂信息系统、工业控制系统的设备，都必须实现接入控制，进行接入认证和访问授权
4. 工厂外部接入工厂内部云平台的智能产品、移动办公终端、信息系统等，应接入运行有远端防护软件的安全接入网关
5. 对部署在公共互联网上的工业云平台的各种访问应经过防火墙，并提供DDoS防御等功能
6. 采用基于大数据的安全防护技术，在工厂云平台、工业云平台上部署大数据安全系统，基于外部威胁情报、日志分析、流量分析和沙箱联动，对已知和未知威胁进行综合防御，并准确展示安全全貌，实现安全态势的智能感知

图4-21　各互联单元之间有效可靠的安全隔离和控制措施

1. 智能产品的安全加固

   智能产品的部署位置比较分散，容易出现破坏、伪造、假冒和被替换的情况，导致敏感信息被泄露。因此，我们应当对智能产品进行专门的安全加固，如采用安全软件开发工具包、安全操作系统、安全芯片等，实现防劫持、防仿冒、防攻击和防泄密

2. 外部公共网络数据传输的安全防护

   通过外部网络传输的数据，应采用IPsec VPN或者SSL VPN等加密通道传输机制或MPLS-VPN等专网，防止数据被泄露、被侦听或被恶意篡改

图4-22　强化智能产品和网络传输数据的安全防护措施

他山之石

江苏徐工 Xrea 工业互联网平台

江苏徐工基于多年制造业经验，转型发展 Xrea 工业互联网平台。

Xrea 工业互联网平台通过丰富的工业机理模型和算法对采集到的数据进行挖掘、分析、应用，融合成极具价值参考的“大数据”，驱动企业生产模式的转变、业务模式的创新、产业生态的建设。比如，借助工业互联网提升生产效率，降低资源消耗，提高产品质量；借助工业互联网，利用数据分析为用户提供智能化远程服务、维护等，这些都是“小智能”，助力制造企业从卖产品到卖服务，从低端走向高端，实现转型升级，实现高质量发展。

该平台赋能了新能源汽车、军工、电力等多个领域，某新能源汽车厂利用该平台实现了对全程全生命周期的管理，覆盖新能源车辆符合性测试、库存物流、运营监控、风险预警、售后服务、客户应用等流程。该平台的数据还可以支持企业的车桩互联、分时租赁等创新商业模式的开展。

徐工信息自主研发的车载智能多媒体终端、车载智能诊断仪等负责采集设备运行阶段的环境和工作状态数据，每天通过终端向平台回传 5 亿条数据。Xrea 工业互联网平台对数据进行分析和优化来避免产品的故障，改善用户对产品的使用体验，实现远程监控和预测性维修，优化客户的生产指标，通过与客服平台的集成，真正实现了业内的“10 分钟响应、2 小时到位、24 小时完工和 48 小时回访”，在资产保全、智慧派工、故障诊断及预防性维护方面做到了行业领先。具有工程机械行业特色的工业互联网平台通过分析挖掘工业大数据，为企业同时也为国家经济的预测提供了重要的指数参考。

4.3 《工业互联网体系架构（版本2.0）》解析

2020 年 4 月 20 日，工业互联网产业联盟在工业和信息化部的指导下，凝聚产业界共识，研究制定了《工业互联网体系架构（版本 2.0）》。

和版本1.0相比，版本2.0提出的架构是一个组合，版本1.0定义的是功能架构，版本2.0不仅定义了功能架构，还定义了业务指南、实施框架、技术体系，涉及安全、数据、网络等要素。《工业互联网体系架构（版本2.0）》有利于促进各界统一认识、凝聚共识、协作共赢，有利于促进工业互联网产业的发展和应用部署，有利于推动工业互联网走向成熟。

《工业互联网体系架构（版本2.0）》提出的体系架构在版本1.0的基础上更进一步地完善，其中包括业务视图、功能架构、实施框架三大版块，形成以商业目标和业务需求为牵引，进而明确系统功能定义与实施部署方式的设计思路，自上而下层层细化和深入。其架构如图4-23所示。

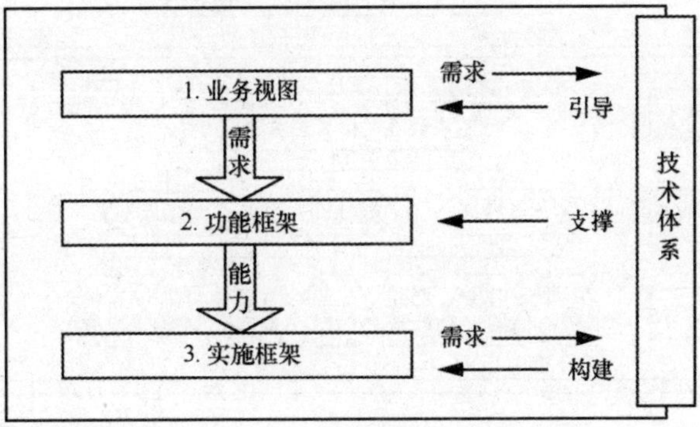

图4-23 工业互联网体系架构2.0

业务视图主要确定企业应用工业互联网实现数字化转型的目标、方向、业务场景及相应的数字化能力，主要用于指导企业在商业层面明确工业互联网的定位和作用，该阶段提出的业务需求和数字化能力需求对于后续功能架构的设计具有重要的指引作用。

功能架构主要确定企业支撑业务实现所需的核心功能、基本原理和关键要素，主要用于指导企业构建工业互联网的支撑能力与核心功能，并为后续工业互联网实施框架的制定提供参考。

实施框架主要说明各项功能在企业落地实施的层级结构、软硬件系统和部署方式，主要为企业提供工业互联网具体落地的统筹规划与建设方案，也可用于指导企业的技术选型与系统搭建。

4.3.1 业务视图

业务视图包括产业层、商业层、应用层、能力层 4 个层次，总体业务视图如图 4-24 所示。

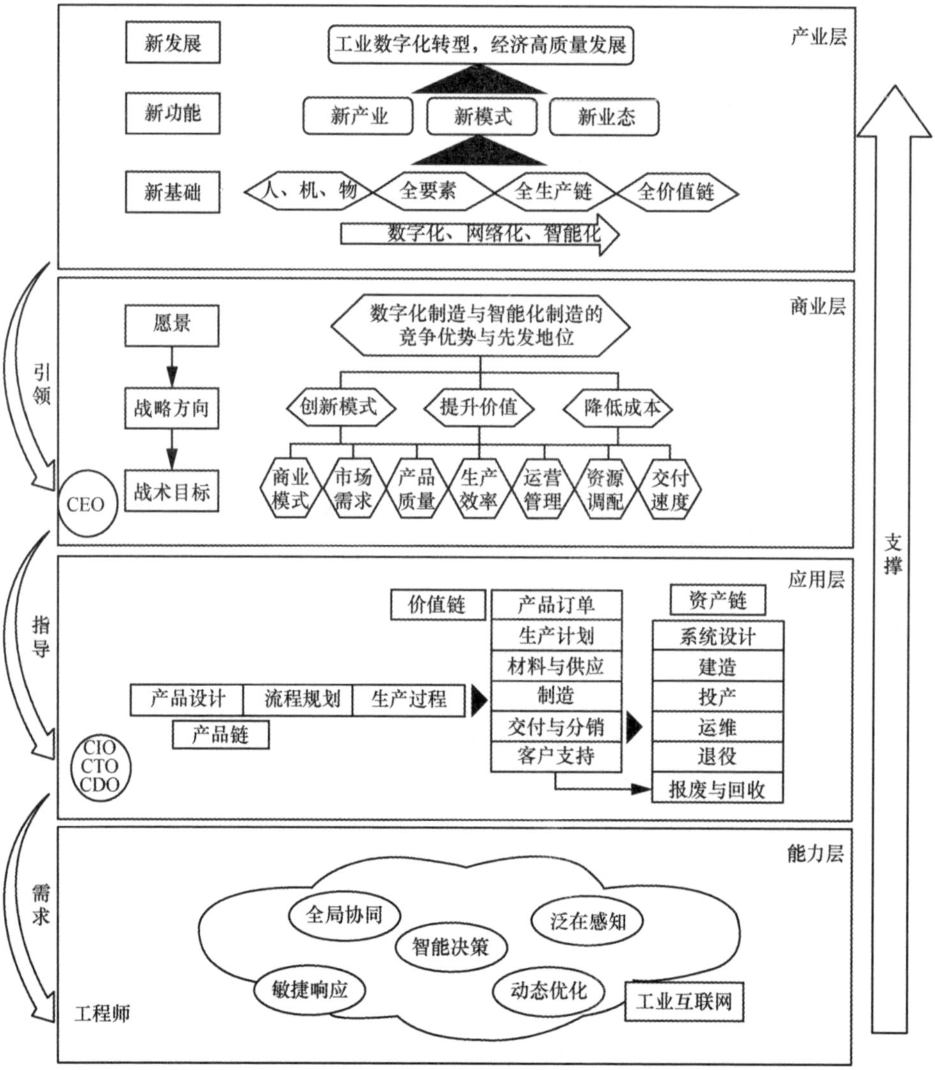

图4-24 工业互联网的总体业务视图

产业层主要定位于产业整体数字化转型的宏观视角，商业层、应用层和能力层则定位于企业数字化转型的微观视角。4 个层次自上而下来看，实质是在产业数字化转型的大趋势下，企业如何把握发展机遇，实现自身业务的数字化发展并构建关键数字化能力的过程；自下而上来看，实际也反映了企业不断构建和强化数字化能力来持续驱动自身业务乃至整个企业的转型发展，并最终带来整个产业的数字化转型。

（1）产业层

产业层主要阐释了工业互联网在促进产业发展方面的主要目标、实现路径与支撑基础，工业互联网业务视图产业层具体的实施要求请阅读《工业互联网体系架构（版本 2.0）》。

（2）商业层

商业层主要明确了企业应用工业互联网构建数字化转型竞争力的愿景理念、战略方向和具体目标。商业层主要面向 CEO（Chief Executive Officer, 首席执行官）等企业高层决策者，用以明确在企业战略层面，如何通过工业互联网保持和强化企业的长期竞争优势。工业互联网业务视图商业层具体的实施要求请阅读《工业互联网体系架构（版本 2.0）》。

（3）应用层

应用层主要明确了工业互联网赋能企业业务转型的重点领域和具体场景。应用层主要面向企业 CIO（Chief Information Officer, 首席信息官）、CTO（Chief Technical Officer, 首席技术官）、CDO（Chief Data Officer, 首席数据官）等信息化主管与核心业务管理人员，帮助其在企业各项生产经营业务中确定工业互联网的作用与应用模式。工业互联网业务视图应用层具体的实施要求请阅读《工业互联网体系架构（版本 2.0）》。

（4）能力层

能力层主要描述企业通过工业互联网实现业务发展目标所需构建的核心数字化能力。其主要面向工程师等具体技术人员，帮助相关人员定义企业所需的关键能力并开展实践。工业互联网业务视图能力层的具体实施要求请阅读《工业互联网体系架构（版本 2.0）》。

4.3.2 功能架构

（1）工业互联网的核心功能

工业互联网以数据为核心，数据功能体系主要包含感知控制、数字模型、决策优化 3 个基本层次，以及一个由自下而上的信息流和自上而下的决策流构成的工业数字化应用优化闭环，如图 4-25 所示。

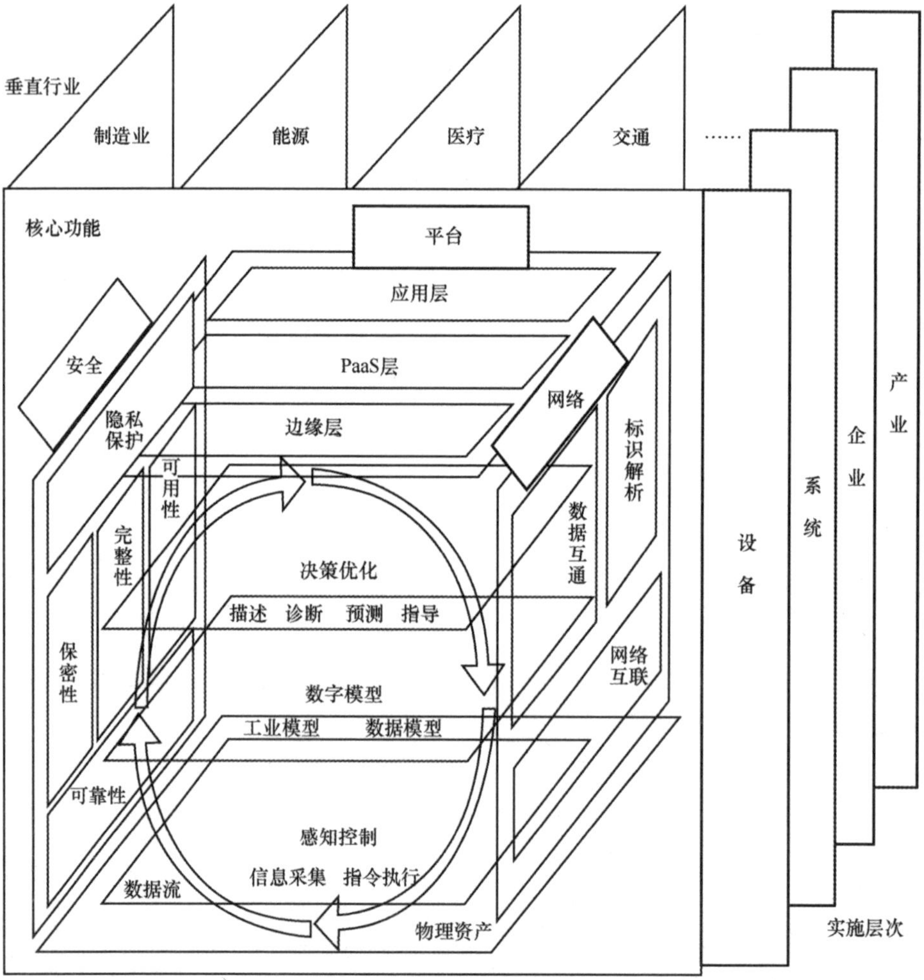

图4-25 工业互联网的功能体系示意

（2）工业互联网网络功能视图

网络体系由网络互联、数据互通和标识解析 3 部分组成。网络互联实现要素之间的数据传输，数据互通实现要素之间传输信息的相互理解，标识解析实现要素的标记、管理和定位。工业互联网网络功能视图如图 4-26 所示。

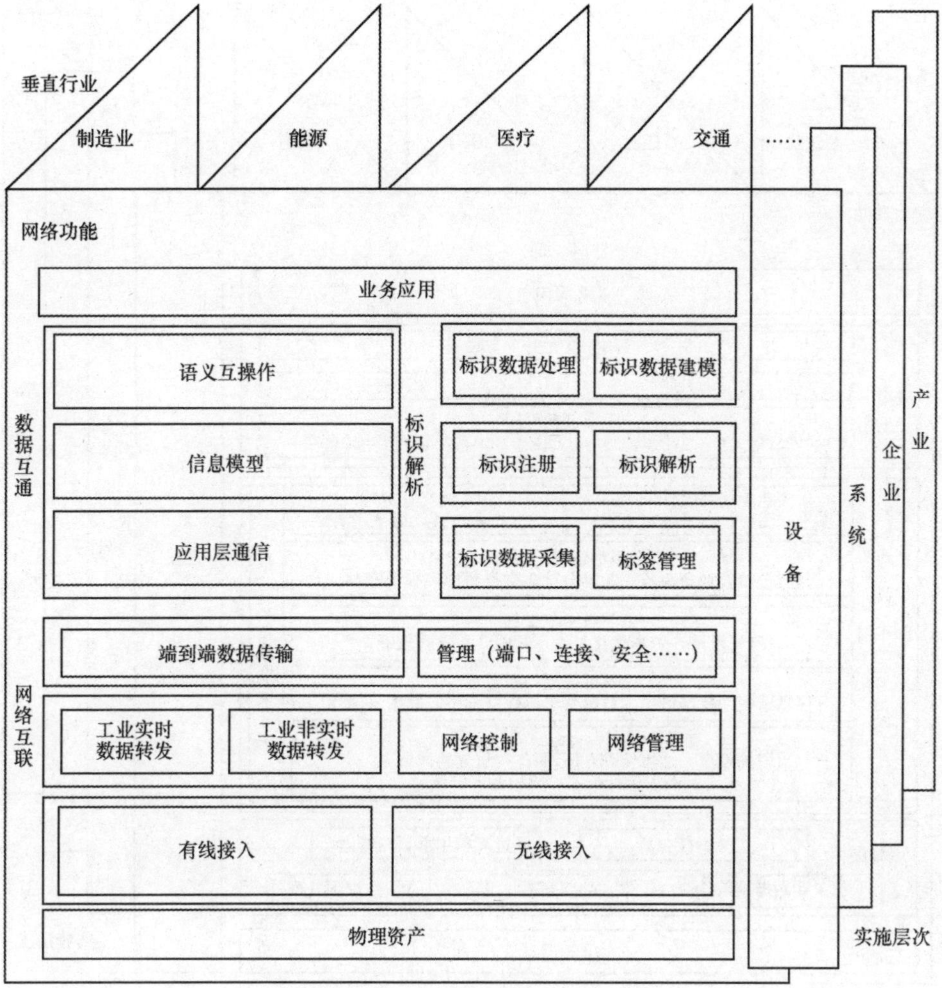

图4-26 工业互联网网络功能视图

（3）工业互联网平台功能视图

为实现数据优化闭环，驱动制造业智能化转型，工业互联网需要具备海量工业数据与各类工业模型管理、工业建模分析与智能决策、工业应用敏捷开发与创新、工业资源集聚与优化配置等一系列关键能力，这些传统工业数字化应用所无法提供的功能，正是工业互联网平台的核心功能。按照功能层级划分，工业互联网平台包括边缘层、PaaS 层和应用层，如图 4-27 所示，具体细节描述请阅读《工业互联网体系架构（版本 2.0）》。

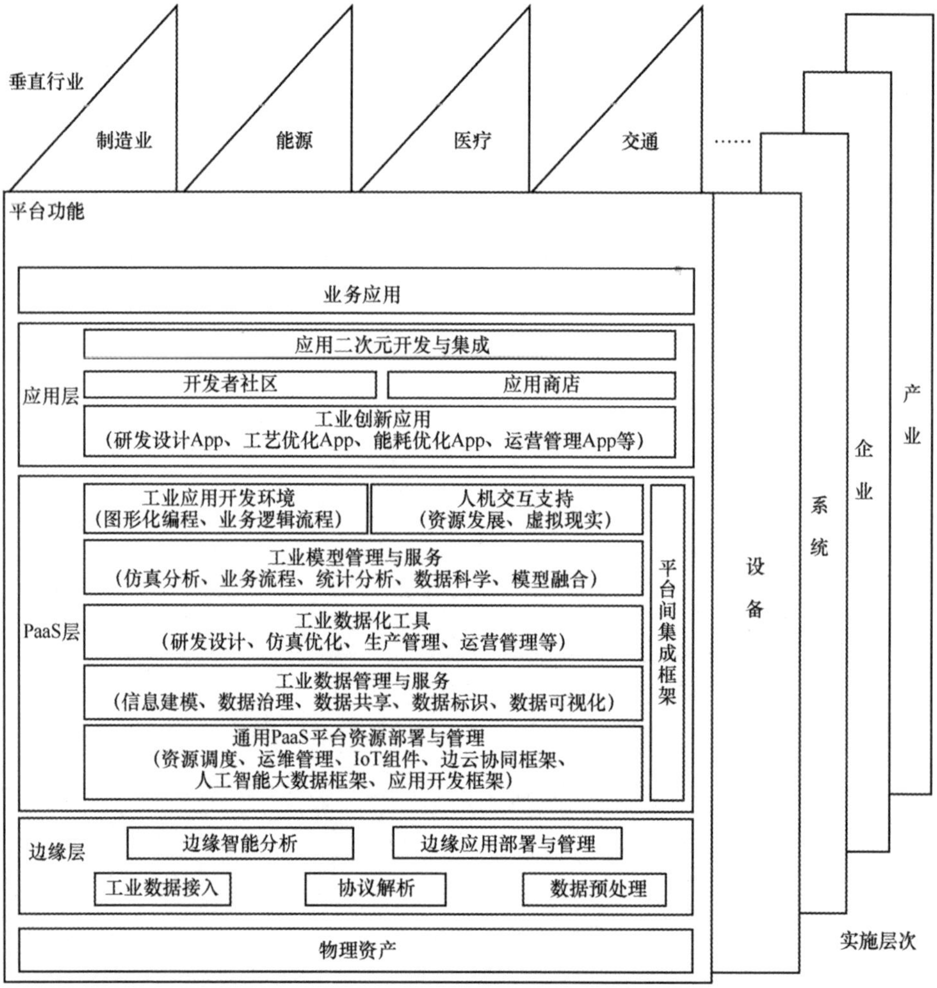

图4-27 工业互联网平台功能视图

（4）工业互联网安全功能视图

为解决工业互联网面临的网络攻击等新型风险，保障工业互联网健康有序发展，工业互联网安全功能框架充分考虑了信息安全、功能安全和物理安全，工业互联网安全所具备的主要特征包括可靠性、保密性、完整性、可用性及隐私和数据保护性，如图 4-28 所示，具体细节描述请阅读《工业互联网体系架构（版本 2.0）》。

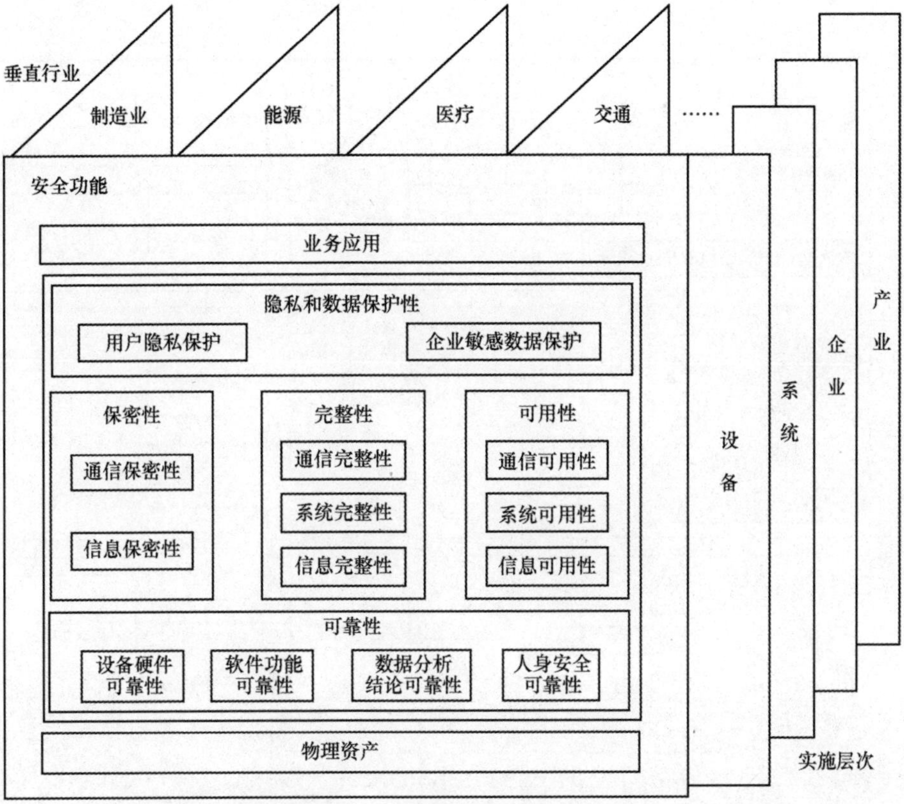

图4-28　工业互联网安全功能视图

4.3.3　实施框架

（1）实施框架总图

工业互联网的实施不是孤立的，需要四大系统互相打通、深度集成，在不同层级形成兼具差异性、关联性的部署方式，通过要素联动优化实现全局部署和纵横联动。另外需要注意的是，工业互联网的实施离不开智能装备、工业软件等基础产业的支撑，新一代信息技术的发展与传统制造产业的融合将为工业互联网的实施提供核心供给能力。实施框架结合当前制造系统与未来的发展趋势，提出了由设备层、边缘层、企业层、产业层 4 层组成的实施框架层级划分，明确了各层级的网络、标识、平台、安全的系统架构、部署方式以及不同系统之间的关系，具体如图 4–29 所示。

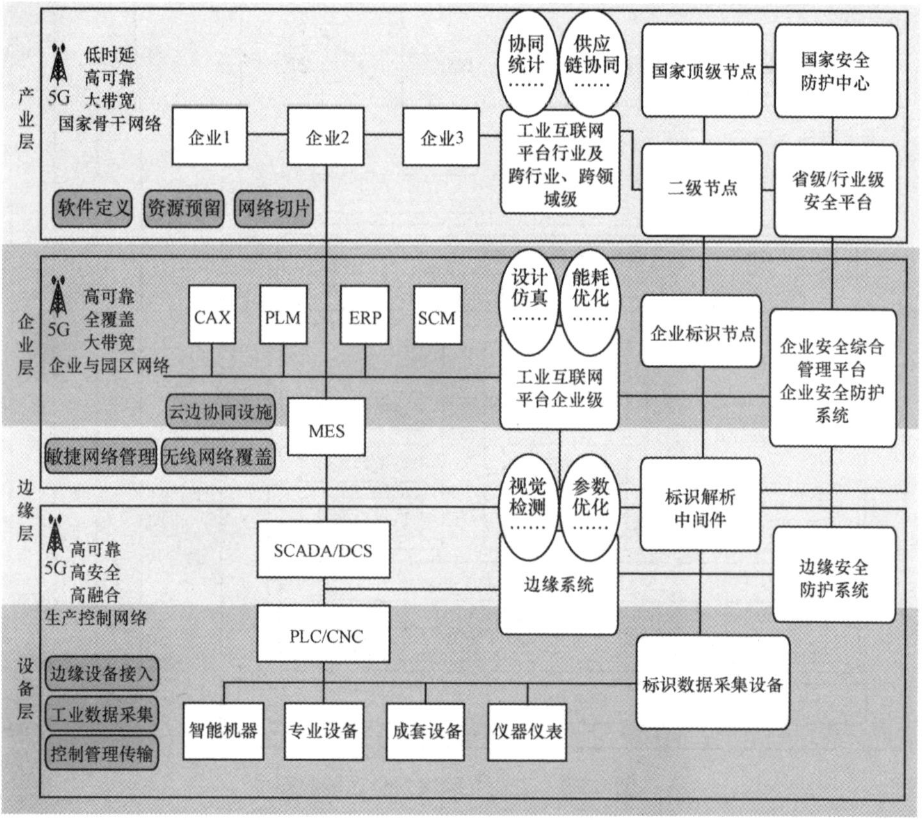

图4–29　工业互联网实施框架总体视图

（2）网络实施框架

工业互联网网络建设的目标是构建全要素、全系统、全产业链互联互通的新型基础设施。从实施架构来看，在设备层和边缘层建设生产控制网络，在企业层建设企业与园区网络，在产业层建设国家骨干网络，在全网构建信息互操作体系。网络实施框架如图 4–30 所示，具体的实施要求请阅读《工业互联网体系架构（版本 2.0）》。

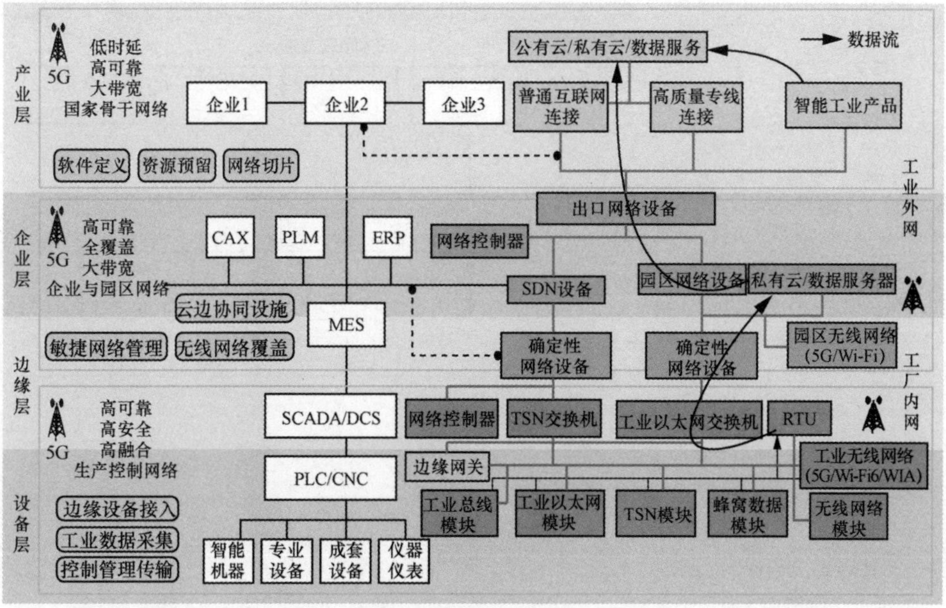

图4-30　工业互联网网络实施框架示意

（3）标识实施框架

工业互联网标识实施贯穿设备层、边缘层、企业层和产业层 4 个层面，形成了以设备层和边缘层为基础，以企业层和产业层节点建设为核心的部署架构，如图 4-31 所示，具体的实施要求请阅读《工业互联网体系架构（版本 2.0）》。

（4）平台实施框架

工业互联网平台部署实施的总体目标是打造制造业数字化、网络化、智能化发展的载体和中枢。该实施架构贯穿设备层、边缘层、企业层和产业层 4 个层面，通过实现工业数据采集，开展边缘智能分析，构建企业平台和打造产业平台，形成交互协同的多层次、体系化建设方案，如图 4-32 所示，具体的实施要求请阅读《工业互联网体系架构（版本 2.0）》。

（5）安全实施框架

安全实施框架体现了工业互联网安全功能在“设备层、边缘层、企业层、产业层”的层层递进，包括边缘安全防护系统、企业安全防护系统和企业安全综合管理平台，以及省级 / 行业级安全平台和国家级安全平台，如图 4-33 所示，具体的实施要求请阅读《工业互联网体系架构（版本 2.0）》。

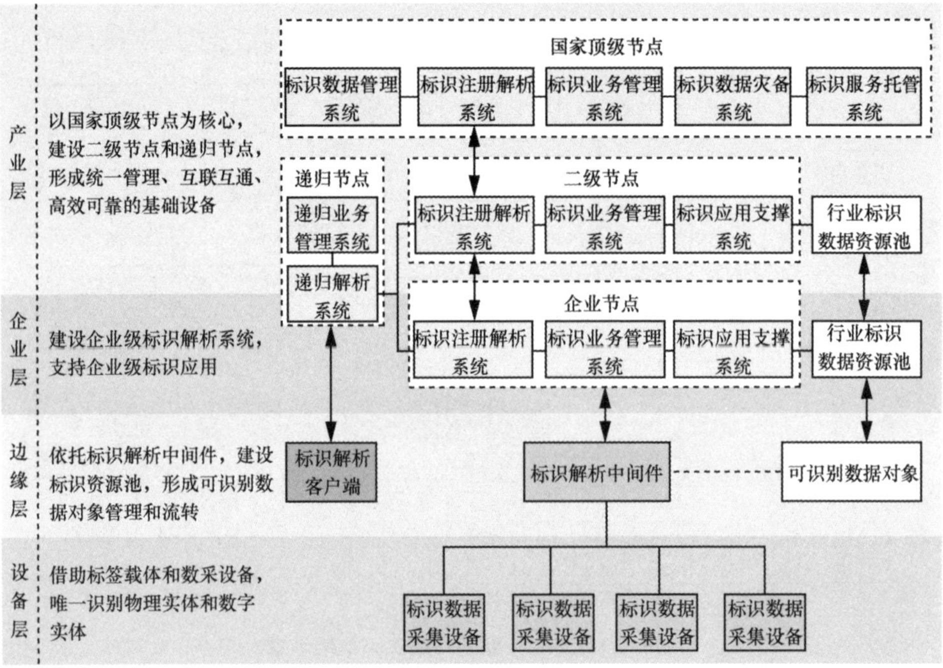

图4-31　标识实施架构示意

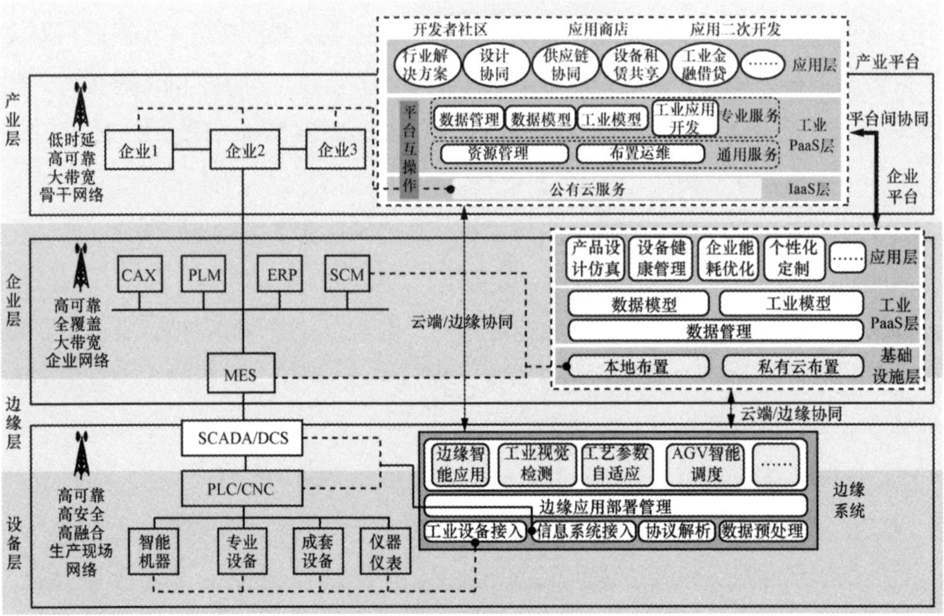

图4-32　平台实施框架示意

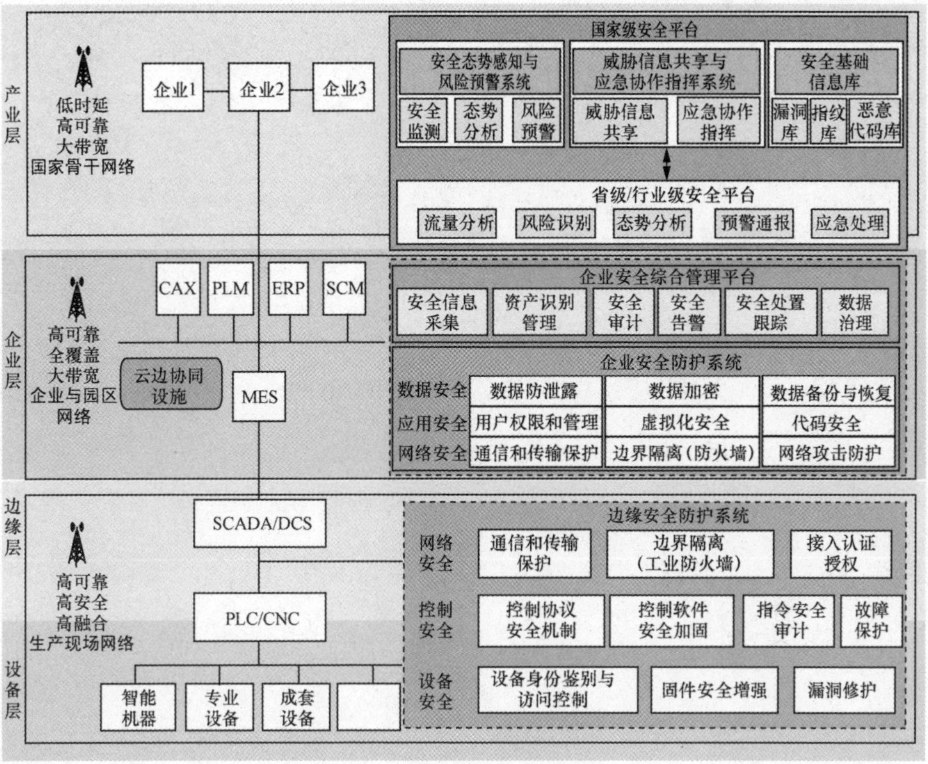

图4-33 安全实施框架示意

第5章

工业大数据

工业大数据是工业企业的重要资产，是企业实现转型升级的核心要素。工业大数据是未来工业在全球市场竞争中发挥优势的关键，各国制造业创新战略的实施基础都是工业大数据的搜集和特征分析，以此为未来制造系统搭建环境。

大数据在工业企业的转型升级中发挥了重要的作用。未来，工业大数据的增速将是其他大数据领域的两倍。越来越多的现场生产设备被连接，海量的数据被用于机器远程状态监测、预测性维护和策略性分析，从而帮助企业最大限度地提升生产效率和降低制造成本。

5.1 工业大数据概述

5.1.1 何谓工业大数据

工业大数据是指在工业领域中，围绕典型智能制造模式，从客户需求到销售、订单、计划、研发、设计、工艺、制造、采购、供应、库存、发货和交付、售后服务、运维、报废或回收再制造等整个产品全生命周期各个环节产生的各类数据及相关技术和应用的总称。工业大数据以产品数据为核心，极大延展了传统工业数据的范围，同时还包括工业大数据的相关技术和应用。

5.1.2 工业大数据的主要来源

工业大数据的主要来源有以下 3 类。

1. 生产经营相关业务数据

生产经营相关业务数据主要来自于传统企业信息化范围，存储在企业信息系统内部，包括传统工业设计和制造类软件、企业资源计划、产品生命周期管理、供应链管理、客户关系管理和环境管理系统等。上述企业信息系统已累积了大量的产品研发数据、生产性数据、经营性数据、客户信息数据、物流供应数据及环境数据。以上数据是工业领域传统的数据资产，在移动互联网等新技术应用环境下正在逐步扩大应用范围。

2. 设备物联数据

设备物联数据是指工业生产设备和目标产品在物联网运行模式下，实时产生收集的涵盖操作和运行情况、工况状态、环境参数等体现设备和产品运行状态的数据。设备物联数据是工业大数据新的、增长最快的数据来源。狭义的工业大数据即指该类数据，即工业设备和产品快速产生且存在时间序列差异的大量数据。

3. 外部数据

外部数据是指与工业企业生产活动和产品相关的企业外部互联网来源数据，例如评价企业环境绩效的环境法规、预测产品市场的宏观社会经济数据等。

5.1.3 工业大数据的特征

工业大数据除具有一般大数据的特征（数据容量大、多样、快速和价值密度低）外，还具有时序性、强关联性、准确性、闭环性等特征，如图 5-1 所示。

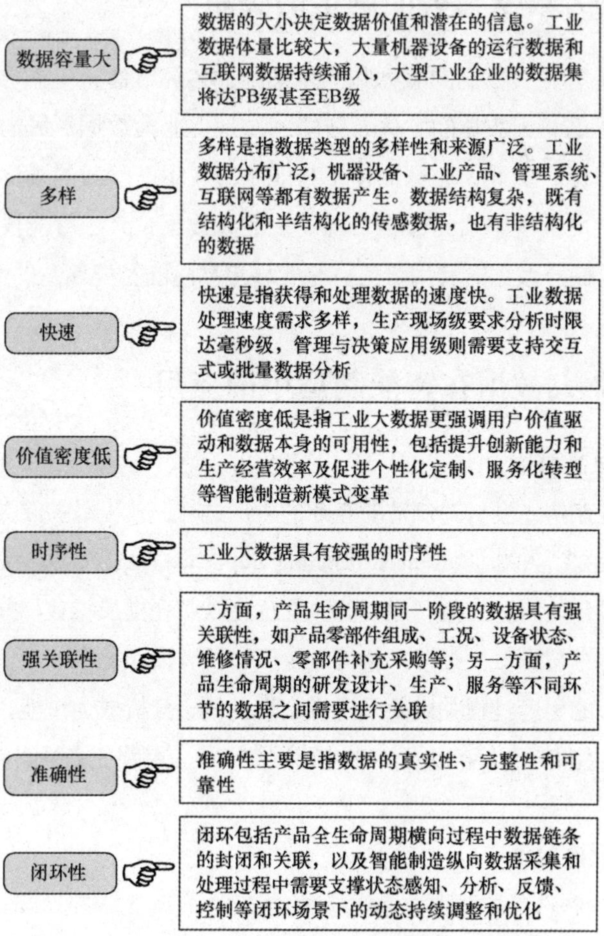

图5-1 工业大数据的特征

以上特征说明，工业大数据作为大数据的一个应用行业，在具有广阔应用前景的同时，对传统的数据管理技术与数据分析技术也提出了很大的挑战。

5.2 工业大数据与智能制造

5.2.1 工业大数据与智能制造的关系

智能制造是工业大数据的载体和产生来源，各环节信息化、自动化系统所产生的数据构成了工业大数据的主体。智能制造是工业大数据形成的数据产品最终的应用场景和目标。工业大数据描述了智能制造各生产阶段的真实情况，为人类分析和优化制造提供了宝贵的数据资源。工业大数据、人工智能模型和机理模型的结合，可有效提升数据的利用价值，是实现更高阶的智能制造的关键技术之一。

5.2.2 工业大数据在智能制造中的应用

1. 狭义的智能制造

狭义的智能制造主要针对制造业企业的生产过程，首先是关注提升系统的自动化水平，完善 MES、APS（Advanced Planning and Scheduling，高级计划与排程）等信息化系统的建设，面向整个生产过程的流程优化以实现提质增效。同时，整个生产体系的数字化水平得到极大提升，使得从生产设备、自动化系统、信息化系统中提取数据对各环节的生产过程关键要素进行定量刻画、分析成为可能。这既是从自动化、信息化走向智能化目标的过程，也是通过数字化、网络化最终实现智能化的现实路径。

2. 广义的智能制造

广义的智能制造的本质是数据驱动的创新生产模式，在产品市场需求获取、产品研发、生产制造、设备运行、市场服务直至报废回收的产品全生命周期过程中，甚至在产品本身的智能化方面，工业大数据都将发挥巨大的作用，主要表现在如图 5–2 所示的 3 个方面。

1 在产品的研发过程中

整理产品的设计数据、仿真数据、实验数据，通过与产品使用过程中的各种实际工况数据的对比分析，工业大数据可以有效提升仿真过程的准确性，减少产品的实验数量，缩短产品的研发周期

2 在产品供应和销售过程中

从源头的供应商服务、原材料供给，到排产协同制造，再到销售渠道和客户管理，工业大数据在供应链优化、渠道跟踪和规划、客户智能管理等各方面，均可以发挥全局优化的作用

3 在产品本身的智能化方面

通过产品本身传感数据、环境数据的采集、分析，可以更好地感知产品所处的复杂环境与工况，工业大数据以提升产品能效、节省能耗、延长部件寿命等优化目标为导向，在保障安全性的前提下，实现在边缘侧对既定的控制策略提出优化建议或者直接进行一定范围内的调整

图5–2　广义的智能制造的表现

5.2.3　工业大数据在智能制造标准体系中的定位

智能制造标准体系如图 5–3 所示。工业大数据标准属于智能制造标准体系中智能赋能技术的部分，为智能制造提供技术和数据支撑。

工业大数据标准在智能制造标准体系框架中的具体位置如图 5–4 所示。

5.3　工业大数据与工业互联网

5.3.1　工业大数据与工业互联网的关系

工业互联网更为关注制造业企业如何以工业为本，通过“智能 +”打通、整合、协同产业链，催生个性化定制、网络化协同、服务化延伸等新模式，从而提升企业、整体行业价值链或是区域产业集群的效率。

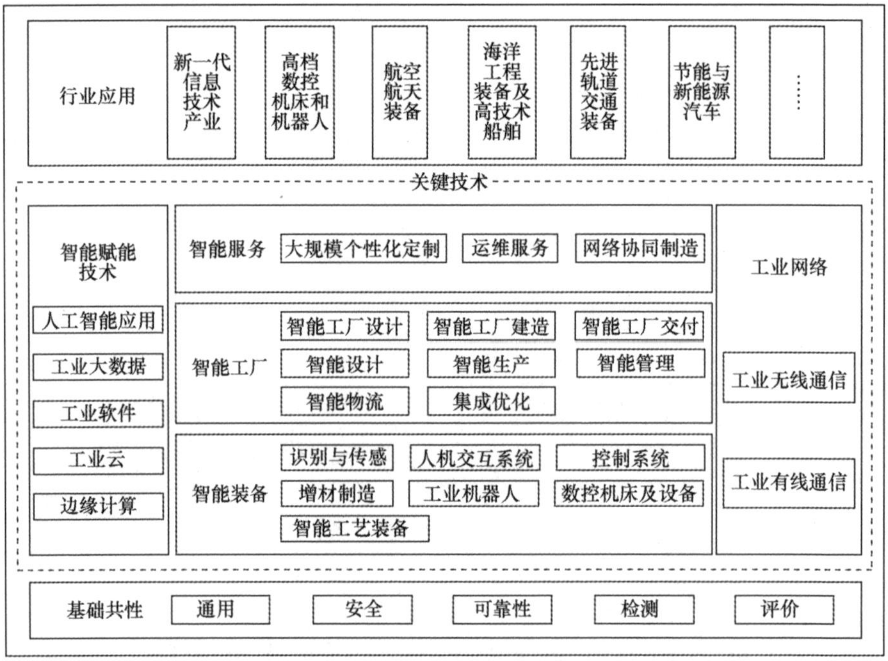

图5-3 工业大数据标准在智能制造标准化体系中的定位

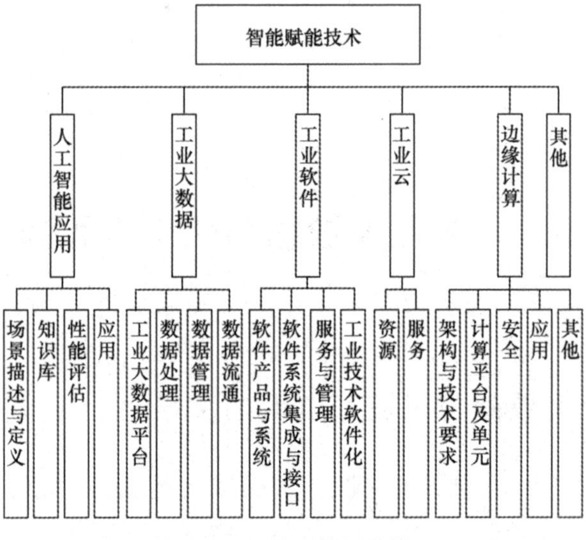

图5-4 智能制造标准体系

工业互联网既是工业大数据的重要来源，也是工业大数据重要的应用场景。

尤其在工业互联网平台的建设中，工业大数据扮演着重要的角色。

5.3.2 工业大数据在工业互联网中的应用

工业大数据在工业互联网中的应用首先体现在对于工业互联网的个性化定制、网络化协同、服务化延伸等工业互联网新模式场景的支撑上。

1. 个性化定制

在大规模个性化定制场景下，企业通过外部平台采集客户个性化需求数据，与工业企业生产数据、外部环境数据相融合，建立个性化产品模型，将产品方案、物料清单、工艺方案通过制造执行系统快速传递给生产现场，进行生产线调整和物料准备，快速生产出符合个性化需求的定制化产品。

2. 网络化协同

在网络化协同场景下，基于工业大数据，工业互联网驱动制造全生命周期从设计、制造到交付、服务、回收各个环节的智能化升级，最终推动制造全产业链智能协同，优化生产要素配置和资源利用，消除低效中间环节，整体提升制造业的发展水平和产品竞争力。

3. 服务化延伸

在服务化延伸场景中，工业互联网通过传感器和工业大数据分析技术，对产品使用过程中的自身工作状况、周边环境、用户操作行为等数据进行实时采集、建模、分析，从而实现在线健康检测、故障诊断预警等服务，催生支持在线租用、按使用付费等新的服务模型，创造新的产品价值，实现制造企业的服务化转型。

除了在工业互联网新模式场景中的应用，工业互联网平台还承载了通过工业大数据的分析利用从而实现知识积累的重任。工业领域经历了数百年的发展，在不同的行业、领域和场景下积累了大量的工业机理和工业知识，对工业过程有深刻理解，能够持续地推进工业过程的优化和改进。在工业大数据时代，工业机理、知识的提炼和封装实现了工业机理、知识模型上云、共享和复用，将使工业机理更好地融入于工业大数据算法，实现模型的调优和迭代，缩短数据模型的收敛时间；同时，工业互联网通过对海量工业大数据的深入挖掘、提炼、建模和封装，进一步形成面向各个细分工业领域的各类知识库、工具库、模型库和工业软件，进一步服务于工业过程的改进和提升，为用户提供基于工业互联网的持续价值创造良性闭环。

5.3.3 工业大数据在工业互联网标准体系中的定位

2019 年，工业和信息化部、国家标准化管理委员会共同组织制定并发布了《工业互联网综合标准化体系建设指南》。文中提出了工业互联网标准体系框架，包括基础共性、总体、应用三大类标准，工业大数据标准在工业互联网标准体系中处于“平台与数据”部分，具体如图 5-5 所示。

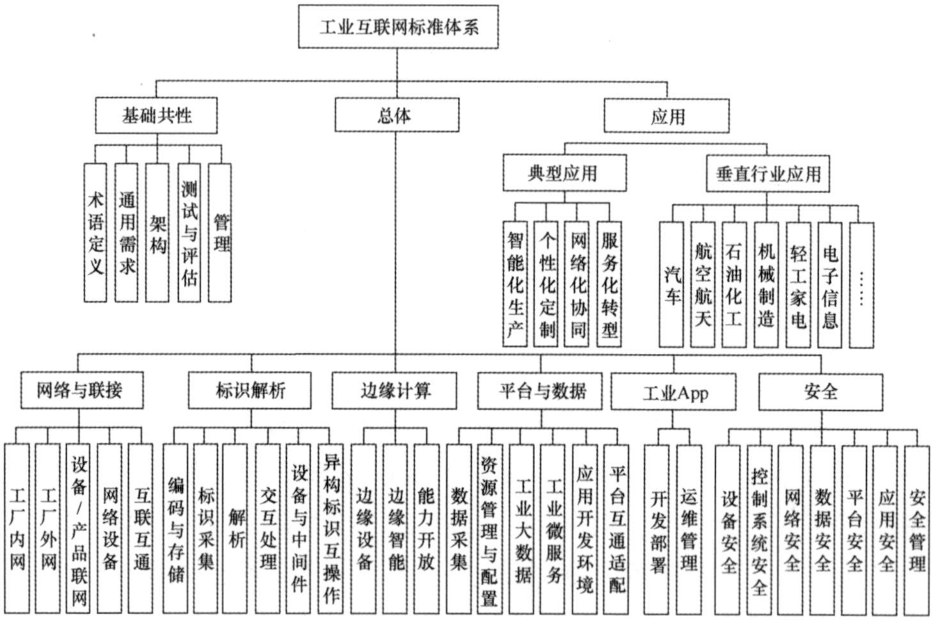

图5-5 工业互联网标准体系框架

在工业互联网标准体系框架中，工业大数据标准主要包括以下内容：

① 工业数据交换标准，用于规范工业互联网平台内不同系统之间数据交换的体系架构、互操作、性能等要求；

② 工业数据分析与系统标准，用于规范工业互联网数据分析的流程及方法；

③ 工业数据管理标准，用于规范工业互联网数据的存储结构、数据字典、元数据、数据质量要求、数据生命周期管理、数据管理能力成熟度等要求；

④ 工业数据建模标准，用于规范物理实体（在制品、设备、产线、产品等）在网络空间中的映像及相互关系；

⑤ 工业大数据服务标准，用于规范工业互联网平台运用大数据能力对外提供的服务。

5.4 工业大数据的业务价值与应用场景

5.4.1 工业大数据的业务价值

大数据对于工业企业提升质量、效益和行业竞争力起着不可替代的作用。

大数据将和物联网、云计算等一起支撑产品制造生命周期“4+1”环节的业务模式创新，具体如图 5-6 所示。

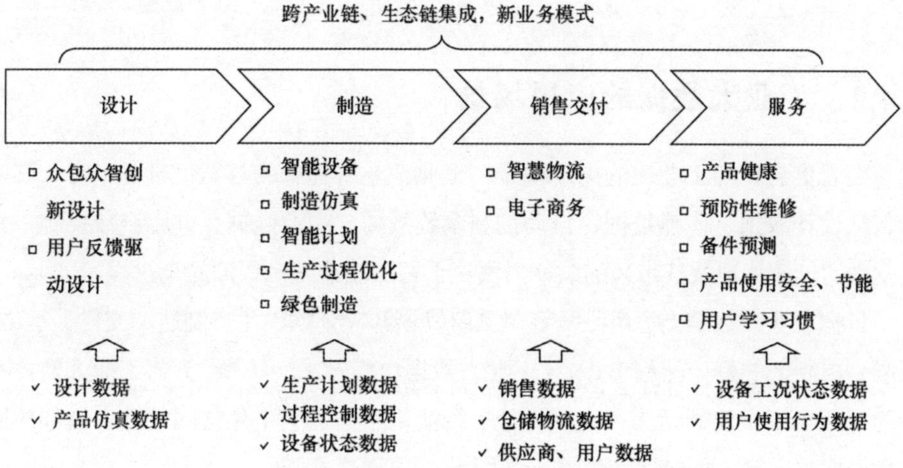

图5-6 工业大数据在“4+1”环节的业务模式创新的价值

工业大数据在产品设计环节，在各种需求数据、设计数据、产品仿真数据的支持下，可以支撑众包众智的协同创新设计模式；在产品使用数据的支持下，可以支撑用户反馈驱动的产品演进设计模式。

工业大数据在产品制造环节，在生产计划数据、过程控制数据、设备状态数据、质量检测数据、资源使用数据等的支持下，可以具备制造质量控制与提升、实时排程、减低资源消耗等智能车间能力。

工业大数据在产品销售交付流通环节，基于销售订单、仓储物流、供应商和用户信息、市场行情等数据，可以支持更经济、更高效的智慧物流，以及预测工业品市场的情况、精准营销等。

工业大数据在后服务环节，基于产品工作状态数据、周边环境数据、用户交互信息，可以进行产品健康评估、基于状态的保养维修、零备件库存优化管理等。

工业大数据在单个产业链之外，还可以通过不同产业链间数据互通，消除不必要的中间环节，提升产业生态链的生产效率。例如，汽车企业可以直接把汽车外壳形状和材质要求提供给钢铁企业，而不是利用传统方式通过一个中间商从钢铁企业买钢板，再按照汽车厂的要求裁剪冲压成汽车外壳，这既提升了响应时间，又降低了费用，边角余料还可以直接被回收利用以减少浪费。

5.4.2 工业大数据的应用场景

随着信息化与工业化的深度融合，工业企业所拥有的数据也日益丰富，其内容包括设计数据、传感数据、自动控制系统数据、生产数据、供应链数据等，数据驱动的价值体现及其带来的洞察力贯穿于智能制造生命周期的全过程。

依据工业大数据支撑产品从订单到研发设计、采购、生产制造、交付、运维、报废、再制造的整个流程考虑，《工业大数据白皮书（2019 版）》将工业大数据典型的应用场景主要概括为智能化设计、智能化生产、网络化协同制造、智能化服务和个性化定制 5 种模式，如图 5–7 所示。

1. 智能化设计

工业大数据使产品生命周期大数据在设计过程中得到有效的应用、评价和推荐。具体体现见表 5–1 中列出的几个方面。

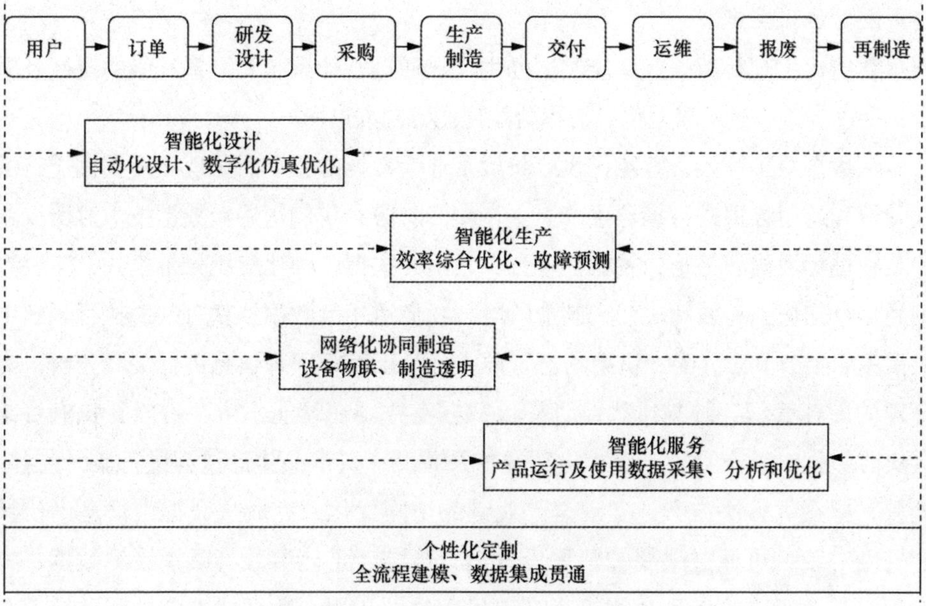

图5-7　工业大数据典型的应用场景

表5-1　智能化设计

序号	类别	说明
1	基于模型的研发设计	在数字化技术环境下的产品设计开发，从概念设计之时就以数字化模型为载体，设计人员不受时间和空间等因素的限制对产品模型进行修改和完善，然后将最终方案的数据通过生产设备进行产品制作
2	基于仿真的设计	通过数字化模型的显示、仿真、快速成型、虚拟现实交互，设计人员可及早发现设计缺陷，从而优化产品，克服传统设计模式的诸多缺点。虚拟仿真技术还在不断提高系统的智能性，逐步解决产品创新设计中的不确定性与模糊性
3	基于产品生命周期的设计	设计人员运用大数据的相关技术，通过高度有序化的方式展示产品生命周期设计大数据的关系，方便集成员工在设计中产生的新理念，使产品设计大数据得到进一步丰富
4	融合消费者反馈的设计	企业利用工业数据平台获取消费者、市场等各维度的数据信息，达到生产者和消费者之间“信息黏性”的效果，利用这些关联数据信息，通过大数据挖掘分析技术，实现客户全面洞察，并改进、创新设计产品的功能和款式

2. 智能化生产

智能化生产是新一代智能制造的主线，通过智能系统和设备升级的改造及融合，促进制造向过程自动化、流程智能化的方向发展。

从数据采集开始，智能化生产阶段工业大数据的驱动力体现在对数据进行关联分析和运用数据进行指导生产上。在生产阶段，我们运用大数据技术对所采集的数据进行清洗、筛选、关联、融合、索引、挖掘，构建应用分析模式，实现数据到信息知识的有效转化。在制造阶段，我们运用大数据技术对制造执行系统中所采集的生产单元分配、资源状态管理、产品跟踪管理等信息进行关联分析，为合理的库存管理、计划排程制订提供数据支撑。在智能化生产阶段，我们可结合实时数据，对产品生产流程进行评估及预测，对产品生产过程进行实时监控、调整，并提供解决方案，实现全产业链的协同优化，完成从数据由信息到价值的转变。我们可通过采集和汇聚设备运行数据、工艺参数、质量检测数据、物料配送数据和进度管理数据等生产现场数据，利用大数据技术分析和反馈，在制造工艺、生产流程、质量管理、设备维护、能耗管理等具体场景中加以应用，实现生产过程的优化。

（1）制造工艺场景

在制造工艺场景中，围绕生产工艺过程参数、设备运行状态参数与产品质量性能、生产线排产负荷、耗能等数据进行关联性深度挖掘，形成数据闭环，企业可得出工艺参数的最优区间、生产质量控制的最优调控手段等，提升产品制造品质。

（2）生产流程管理优化场景

在生产流程管理优化场景中，基于数据标准化思路的企业全流程的数据集成及对生产进度、物料管理、企业管理等数据的分析，企业可以提升排产、进度、物料、人员等方面管理的准确性，企业的生产效率与管理水平能够获得显著提高。企业通过对生产制造各个环节的数据进行整合集聚，对工业产品的生产过程数据进行关联，建立虚拟模型，仿真并优化生产流程。当所有流程和绩效数据都能在系统中重建时，企业对各环节制造数据的集成分析可以助力制造企业改进其生产流程。

（3）质量管理场景

在质量管理场景中，基于产品质检数据和生产过程数据进行关联性分析，企业可以实现在线质量监测和质量异常与追溯分析，提升产品良品率。

（4）能耗管理场景

在能耗管理场景中，基于能耗数据的采集与分析，企业可对设备、产线、场景能效使用进行合理规划，从而提高能源使用效率，实现节能减排。

（5）复杂产线设备健康管理场景

在复杂产线设备健康管理方面，随着科技的不断进步以及工业化水平的不断提高，工业系统的规模越来越大，集成的设备越来越多。系统内部通常存在复杂的耦合关系，其可靠性难以得到保障，一旦发生故障，设备的停机损失将会非常大。当前对于复杂系统健康度与可靠性的评估主要通过利用传感器对设备进行感知，从实时数据库系统中获取设备振动、温度、压力、流量等数据，借助大数据平台，企业可以对数据进行存储管理，借助人工智能算法对设备健康状态进行评估。

3. 网络化协同制造

在制造业向着大型、精密、数控、全自动方向不断发展的时代背景下，基于工业大数据技术，企业可将制造环节与设计、营销、运行、维护直至回收处理联系起来，使传统的数据“孤岛”转化为信息化协同管理，推动产业链各环节的协同优化。另外，借助大数据平台，企业可采集产业链各个环节的数据并将其输入全生命周期数据库形成总知识库，通过信息技术、自动化技术、现代管理技术与制造技术，构建面向企业的网络化协同制造系统，推动制造业的产业链智能协同发展，以优化生产要素配置和资源利用，消除低效的中间环节，提升制造业的发展水平和竞争力。工业大数据在网络化协同制造方面的应用主要体现在协同研发与制造、供应链管理体系的优化、制造能力资源的优化 3 个方面，具体说明见表 5-2。

表5-2 工业大数据在网络化协同制造方面的应用

序号	场景	说明
1	协同研发与制造	① 基于设计资源的社会化共享和参与，企业能够立足自身研发需求开展众包、众创等研发新模式，提升企业创新能力。 ② 基于统一的设计平台与制造资源信息平台，工业大数据集成设计工具库、模型库、知识库及制造企业闲置生产能力信息，使产业链上下游企业可以实现多站点协同、多任务并行，加速新产品协同研发进程

续表

序号	场景	说明
2	供应链管理体系的优化	① 通过挖掘空间数据，工业大数据为物流的智能化管理提供实时决策依据，优化物流路径、优化调度流程，最后实现物流的高效、智能化运营。 ② 全产业链大数据的整合，使整个生产系统达到协同优化，使生产系统更加动态灵活，从而进一步提高生产效率和降低生产成本，实现供应链配送体系的优化和用户需求的快速响应。 ③ 企业对产品供应链的大数据进行分析，可大幅提升仓储、配送的效率和销售率并大幅降低成本
3	制造能力资源的优化	① 通过工业大数据技术，企业可使制造资源、制造能力、制造过程的信息透明化，从而连通不同物理区域的多样化生产资源，根据订单需求完成最优化的资源配置，实现高效高质的零部件协同制造。同时工业企业通过工业大数据平台可对外开放空闲制造能力，实现制造能力的在线租用和利益共享。 ② 制造企业以网络化协同制造为核心理念，以大数据作为技术支撑，实现其不同产品在不同阶段的增值，以促进创新资源、生产能力、市场需求的集聚，从而提高产业链上下游的资源整合能力，促进全社会多元化制造资源的高度有效协同

4. 智能化服务

工业大数据与新一代技术的融合应用，赋予市场、销售、运营维护等产品全生命周期全新的内容，从而不断催生出制造业新模式、新业态，使企业从大规模流水线生产转向规模化定制生产、从生产型制造向服务型制造转变。

（1）市场营销环节

在市场营销环节，企业可利用大数据技术分析用户需求和市场趋势，建立用户对商品需求的分析体系，挖掘用户深层次的需求，并对其产品进行市场营销分析；通过建立科学的商品生产方案分析系统，企业结合用户需求与产品生产过程，形成满足消费者预期的生产方案。

（2）售后服务环节

在售后服务环节，企业运用大数据技术可创新服务模式，从被动服务、定期服务发展成为主动服务、实时服务。企业通过整合产品数据、销售数据、客户数据，将传统的诊断方法与智能机械故障诊断方法相结合，利用设备状态监测技术、故障诊断技术和计算机网络技术，开展故障预警、远程监控、远程运维、质量诊断等，提供个性化、在线化、便捷化、智能化的增值服务，形成“制造 + 服务”的新模式；建立产品电子履历，加强产品售后保障，实现产品全生命周期的质量信息追溯，提升用户满意度。

5. 个性化定制

个性化定制也是工业大数据应用的热点模式之一。企业可通过工业大数据技术及解决方案，实现制造全流程数据集成贯通，构建千人千面的用户画像，并基于用户的动态需求，使需求准确地转化为订单，最终形成基于数据驱动的工业大规模个性化定制新模式。

在大规模个性化定制模式下，企业将互联网平台作为与用户沟通交流的门户，在该平台上，用户可以描述其个性化需求并下单，在收到产品后还可以反馈对该产品的意见或修改建议。企业据此完善该用户的个性化数据，并进一步优化针对该用户的个性化设计。在大规模的个性化定制生产中，数据起到了关键作用。工业企业需要采集用户个性化需求数据、生产数据、外部环境数据等信息，建立个性化的产品模型，将产品方案、物料清单、工艺方案通过制造执行系统快速传递给生产现场，进行生产线调整和物料准备，快速生产出符合个性化需求的定制化产品。当用户的个性化需求转化为订单时，企业依据基于工业大数据构建的需求转化机制，可对制造过程中的变动做出快速整合和调整，柔性、动态地满足用户的个性化需求。

企业通过将工业大数据与大规模个性化定制模式相结合，形成支持工业产品开发个性化、设备管理个性化、企业管理个性化、人员管理个性化、垂直行业个性化等一系列满足用户个性化需求的工业价值创造新模式，从而形成创造价值的新动能。

5.5 工业大数据的关键技术

5.5.1 工业大数据的技术架构

《工业大数据白皮书（2019 版）》提出的工业大数据的技术参考架构如图 5-8

所示。工业大数据的技术参考架构以工业大数据的全生命周期为主线，纵向维度分为平台 / 工具域、应用 / 服务域。平台 / 工具域主要基于工业大数据采集、存储管理、分析等关键技术，提供多源、异构、高通量的工业大数据核心技术支撑；应用 / 服务域则基于平台 / 工具域提供的技术，面向智能化设计、网络化协同、智能化生产、智能化服务、个性化定制等多场景，通过可视化、应用开发等方式，满足用户应用和服务需求，实现价值变现。

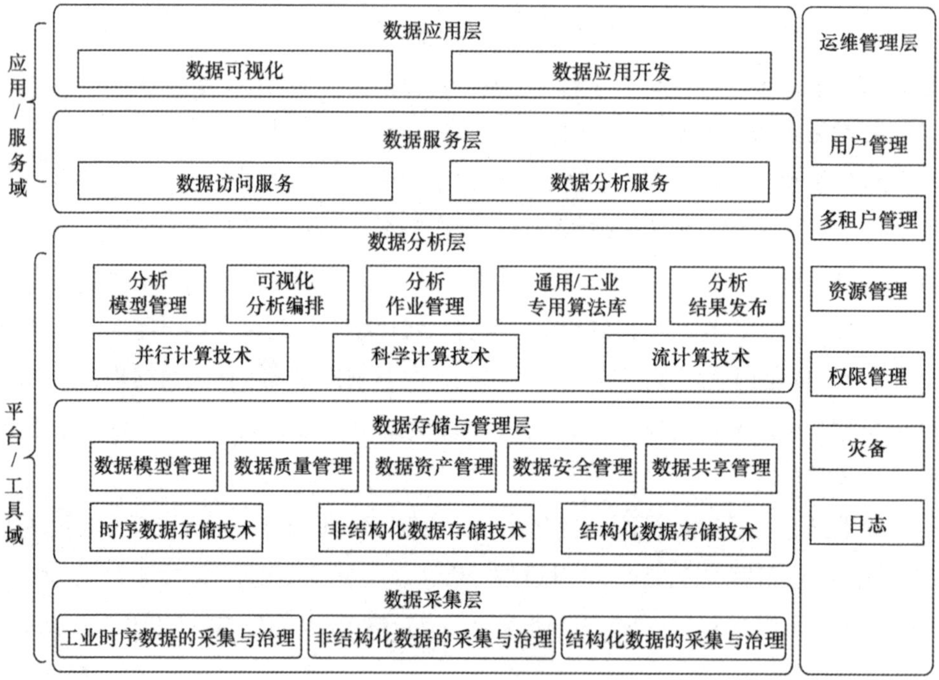

图5-8　工业大数据的技术参考架构

工业大数据的技术参考架构的层级划分如下。

1. 数据采集层

数据采集层可实现工业时序数据的采集与治理、结构化数据的采集与治理和非结构化数据的采集与治理。

① 海量的工业时序数据具有 7×24 小时持续发送、峰值波动、质量问题突出等特点，因此需要构建前置性数据治理组件与高性能时序数据采集系统。

② 针对结构化与非结构化数据，构建同时兼顾可扩展性和处理性能的数据采

集系统。

数据采集层的数据源主要包括与企业生产经营相关的业务数据、实时或批量采集的设备物联数据和从外部获取的第三方数据。

2. 数据存储与管理层

数据存储与管理层可实现大数据存储和管理功能。利用大数据分布式存储技术，工业数据平台可以实现在性能和容量方面都能线性扩展的时序数据存储、结构化数据存储和非结构化数据存储等。基于以上存储技术并结合工业大数据在数据建模、资产沉淀、开放共享等方面的特殊需求，工业数据平台可以构建数据模型管理、数据质量管理、数据资产管理、数据安全管理和数据共享管理技术体系。

3. 数据分析层

数据分析层运用基础大数据计算技术来实现大数据分析服务功能。

基础大数据计算技术包括并行计算技术、流计算技术和科学计算技术。工业大数据平台在这些技术的基础之上构建完善的大数据分析服务功能，通过数据建模、数据计算、数据分析形成知识积累，以实现工业大数据面向生产过程智能化、产品智能化、新业态新模式智能化、管理智能化以及服务智能化的数据分析。

大数据分析服务功能包括分析模型管理、可视化分析编排、分析作业管理、通用 / 工业专用算法库和分析结果发布。

4. 数据服务层

数据服务层是利用工业大数据技术对外提供服务的功能层，可实现数据访问服务和数据分析服务的功能。

① 数据访问服务功能模块对外提供大数据平台内所有原始数据、加工数据和分析结果数据的服务化访问接口。

② 数据分析服务功能模块对外提供大数据平台上积累的实时流处理模型、机理模型、统计模型和机器学习模型的服务化接口。

数据服务层提供平台各类数据源与外界系统和应用程序的访问共享接口，其目标是实现工业大数据平台的各类原始、加工和分析结果数据与外部系统的对接集成。

5. 数据应用层

数据应用层的功能是综合原始数据、加工数据和分析结果数据，通过可视化技术，将多来源、多层次、多维度的数据以更为直观简洁的方式展示出来，方便用户理解分析，提高决策效率。数据应用层基于微服务开发框架和移动应用开发工具等，利用工业大数据管理、分析技术快速实现工业大数据应用的开发与迭代，构建面向实际业务需求的、数据驱动的工业大数据应用，实现提质、降本增效的目标；通过生成可视化、告警、预测决策、控制等不同的应用，实现智能化设计、智能化生产、网络化协同制造、智能化服务和个性化定制等典型的智能制造模式，并将结果以规范化的数据形式存储下来，最终构成从生产物联设备层级到控制系统层级、车间生产管理层级、企业经营层级、产业链上企业协同运营管理的闭环。

6. 运维管理层

运维管理层也是工业大数据技术参考架构的重要组成部分，贯穿从数据采集到最终服务应用的整个环节，为整体架构提供管理支撑和安全保障。

5.5.2 工业大数据的采集途径及其质量控制

数据是分析和应用的基础元素，采集数据的目的是从企业内部和外部等数据源获取各种类型的数据。企业围绕数据的使用建立数据标准规范和管理机制流程，可有效地保证数据质量，提高数据管控水平。

1. 工业大数据的采集途径

工业大数据的采集途径主要有以下几种：

① 通过 PLC、SCADA、DCS 等系统从机器设备实时采集；

② 通过数据交换接口从实时数据库等系统以透传或批量同步的方式获取物联网数据；

③ 从业务系统的关系型数据库、文件系统中采集所需的结构化与非结构化的业务数据；

④ 从高性能时序数据采集系统中获取时序数据。

2. 工业大数据的质量控制

采集的工业数据质量往往参差不齐，这个问题主要是由传感器、数据采集硬件模块、通信协议和组态软件等多种因素造成的，因此，我们需要对数据质量进行监测、分析和处理。对于工业时序数据质量问题，如数据格式不规范、错漏字段、命名版本缺失等，我们需要设置数据处理模块对数据进行实时处理，逐条核查时序数据的质量，并建立多变量关联的机理约束模型来检测深层次的数据质量问题。

5.5.3 工业大数据存储与管理技术

1. 多源异构数据管理技术

多源异构数据是指数据源不同、数据结构或类型不同的数据集合。工业场景中存在大量的多源异构数据，例如在诊断设备故障时通过时间序列数据可以观测设备的实时运行情况；通过 BOM（Bill Of Material，物料清单）图数据可以追溯出设备的制造情况，从而找出是哪些零部件出现问题导致异常运行情况；通过非结构化数据可以有效地管理设备故障时的现场照片、维修工单等数据。

由于数据源、数据类型不同，因此数据集的使用变得非常复杂。为使这些多源异构数据发挥其价值，企业不仅需要对存储管理与异构的存储引擎进行优化，而且还需要对数据的查询与读取进行优化，以实现多源异构数据的一体化管理，从而最大程度地获取数据价值。

多源异构数据的一体化管理需要企业从系统角度，针对工业数据在不同阶段、不同流程呈现出的多种模态的特点，研发不同的数据管理引擎，以便对多源异构数据进行高效的采集、存储和管理。

2. 多模态数据集成技术

工业数据的来源十分广泛，包括但不限于研发环节的非结构化工程数据、传统企业的信息管理数据、服务维修数据和机器数据等，这些数据格式异构、语义复杂且版本多变。在工业大数据应用中，企业可将多模态数据有机地集成在一起，充分发挥出单一模态数据无法挖掘出的价值。

数据集成是将存储在不同物理存储引擎上的数据汇集在一起，并为用户提供统一的数据视图。由于企业信息系统的建设是阶段性和分布性的，因此会存在“信息孤岛”的现象。“信息孤岛”会使系统中存在大量的冗余数据，无法保证数据的一致性，从而降低信息的利用率，因此企业需要集成数据。工业大数据的集成重点不是解决数据冗余问题，而是更关注数据之间是否存在某些内在联系。

数据集成的核心任务是将互相关联的多模态数据集成到一起，使用户能够以透明的方式访问这些数据源。透明的方式是指用户无须关心如何实现对异构数据源数据的访问，只要关心以何种方式访问何种数据即可。更进一步来说，数据融合是在数据集成的基础上，刻画出不同数据之间的内在联系，并允许用户根据这些内在联系进行数据查询。

多模态数据存储分散、关系复杂，在研发、制造周期以 BOM 为主，在制造、服务周期以设备为主。BOM 和设备存在于工业大数据的整个生命周期，因此，以 BOM 和设备为核心建立数据关联，可以使产品生命周期的数据既能正向传递又能反向传递，从而形成信息闭环。集成多模态数据是形成数据生命周期信息闭环的基础。

针对多模态数据存储分散、关系复杂的现状，企业需要对数据建模，定义数字与物理对象模型，完成底层数据模型到对象模型的映射，从而实现多模态数据的一体化查询。

5.5.4 工业大数据分析技术

工业大数据分析强调的是专业领域知识和数据挖掘的深度融合。以下简要介绍时序模式分析技术、工业知识图谱技术、多源数据融合分析技术 3 种典型的工业大数据分析技术。

1. 时序模式分析技术

随着工业技术的发展，工业企业的生产加工设备、动力能源设备、运输交通设备、信息保障设备、运维管控设备上都加装了大量的传感器，如温度传感器、振动传感器、压力传感器、位移传感器、重量传感器等，这些传感器不断地产生海量的时序数据，提供设备的温度、压力、位移、速度、湿度、光线、气体等信息。企业对这些设备传感器的时序数据进行分析，可实现设备故障的预警和诊断、能耗的优化、生产监控等。但传感器数据中的很多重要信息隐藏在时序模式结构中，我们只有挖掘出其背后的结构模式，才能构建一个效果稳定的数据模型。

工业时序数据的时间序列算法主要分为以下 6 个方面：

① 时间序列的预测算法如 ARIMA（Autoregressive Integrated Moving Average，自回归综合移动平均）模型、GARCH（Generalized Autoregressive Conditional

Heteroskedasticity，广义自回归条件异方差）模型等；

② 时间序列的异常变动模式检测算法，如基于统计的方法、基于滑动窗口的方法等；

③ 时间序列的分类算法，如SAX（Simple API for XML，针对SML的简单API）算法、基于相似度的方法等；

④ 时间序列的分解算法，如时间序列的趋势特征分解、季节特征分解、周期性分解等；

⑤ 典型时序模式智能匹配算法，如Memo（记忆）算法、基于Motif（模体）的挖掘方法等；

⑥ 时间序列的切片算法，如AutoPlait算法、HOD-1D算法等。

2. 工业知识图谱技术

工业生产过程中会积累大量的日志文本，如维修工单、工艺流程文件、故障记录等，此类非结构化数据中蕴含着重要的运维信息和宝贵的专家经验。针对文本类的非结构化数据，数据分析领域已经形成了成熟的通用文本挖掘类算法，如分词算法、关键词提取算法、词向量转换算法、词性标注算法、主题模型算法等。但在工业场景中，由于这些通用的文本分析算法缺乏必要的基础信息（厂商、产品型号、量纲等）、语境上下文信息（典型的工况描述、故障现象等）等，分析效果欠佳。这就需要构建特定领域的行业知识图谱（工业知识图谱），将其与结构化数据语义模型融合，实现更加灵活的查询和分析。

相关知识

知识图谱

知识图谱是一系列结构化数据的处理方法，涉及知识的提取、表示、存储、检索等诸多技术。它是知识表示与推理、数据库、信息检索、自然语言处理等多种技术发展的融合。传统的知识处理方法在实际的工程应用中，特别是互联网应用中，面临实施成本高、技术周期长、缺乏熟悉该类技术的人才、基础数据不足等诸多现实问题。实战中的知识图谱需要充分利用成熟的工业技术，不拘泥于特定的工具和方法，特别是不盲目追求标准化、技术的先进性或者新颖性，以实际的业务出发，循序渐进地推进工程的实施。

知识图谱的技术组成分为以下3部分：

第一部分是知识获取，主要阐述如何从非结构化、半结构化以及结构化数据中获取知识；

第二部分是数据融合，主要阐述如何从不同数据源获取的知识进行融合，构建数据之间的关联；

第三部分是知识计算及应用，这一部分关注的是基于知识图谱的计算功能以及基于知识图谱的应用。

3. 多源数据融合分析技术

企业的生产经营、营销推广、采购运输等环节会产生大量的管理经营数据，其中包含众多不同来源的结构化数据和非结构化数据，例如来源于企业内部信息系统的生产数据、管理数据、销售数据等，来源于企业外部的物流数据、行业信息数据等，企业利用这些数据可实现市场洞察、价格预测、供应链协同、精准销售、市场调度、产品追溯、能力分析、质量管控等。

企业通过对这些数据的分析，能够极大地提高企业的生产加工能力、质量监控能力、企业运营能力、市场营销能力、风险感知能力等。但多源数据也会带来一定的技术挑战，因为不同数据源的数据质量和可信度存在差异，并且在不同业务场景下的表征能力不同。这就需要采用一些技术手段来有效融合多源数据。

针对多源数据分析的技术主要有统计分析算法、深度学习算法、回归算法、分类算法、聚类算法、关联规则等。企业可以通过不同的算法对不同的数据源进行独立的分析，并通过对多个分析结果的统计决策或人工辅助决策，实现多源融合分析；也可以从分析方法上实现融合，例如，通过非结构化文本数据语义融合构建具有制造语义的知识图谱，完成其他类型数据的实体和语义标注，并通过图模型从语义标注中找出跨领域本体相互间的关联性，用于识别和发现工业时序数据中时间序列片段对应的文本数据上的故障信息，实现对时间序列的分类。

5.6 工业大数据的架构

5.6.1 工业大数据的应用参考架构

《工业大数据白皮书（2019 版）》给出了工业大数据的应用参考架构，如图 5-9 所示。

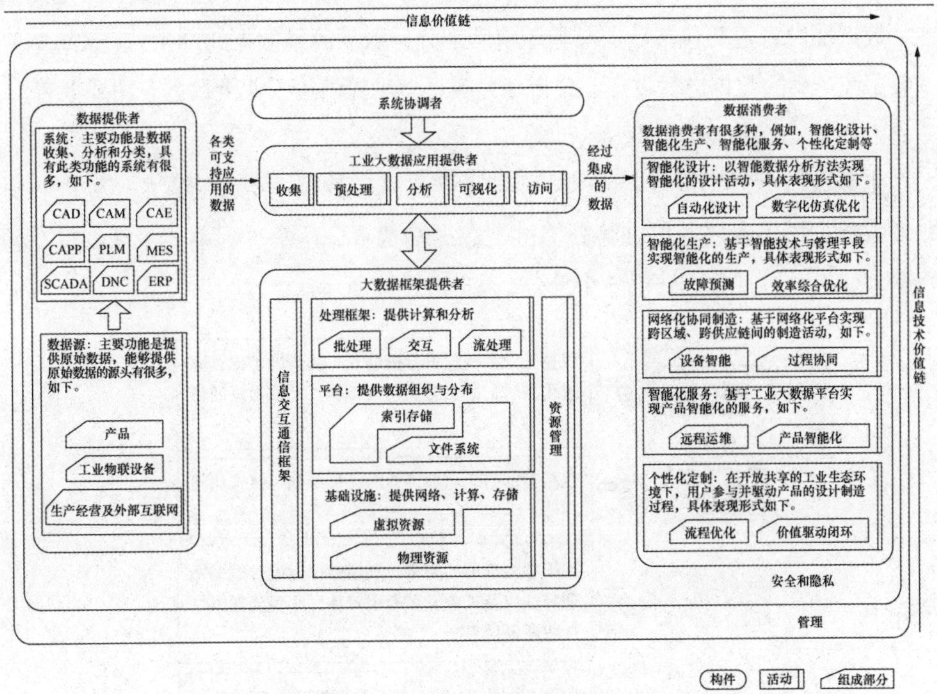

图5-9 工业大数据的应用参考架构

工业大数据的应用参考架构将大数据参考架构的构件落实到了工业领域内的具体活动上。工业大数据的应用参考架构构件包括系统协调者、数据提供者、工业大数据应用提供者、大数据框架提供者、数据消费者、安全和隐私、管理。

1. 系统协调者

系统协调者的职责是规范和集成各类所需的数据应用活动。系统协调者的职责包括以下几个方面：

① 配置和管理工业大数据应用参考架构中其他构件执行的工作负载，以确保各项工作正常运行；

② 为其他组件分配对应的物理节点或虚拟节点；

③ 对各组件的运行情况进行监控；

④ 通过动态调配资源等方式来确保各组件的服务质量达到所需要求。

系统协调者的功能可由管理员、软件或两者的组合以集中式或分布式的形式实现。

2. 数据提供者

数据提供者的职能是收集原始数据并将其预处理后提供给工业大数据应用提供者。数据提供者主要包括数据源和系统两部分，数据源是数据的产生处；系统主要对数据源产生的数据进行收集、分析与分类，然后提供给工业大数据应用提供者。

3. 工业大数据应用提供者

工业大数据应用提供者的基本职能主要是基于数据消费者的需求，处理和提取来自数据提供者的数据并将其提供给数据消费者。这个过程主要包括收集、预处理、分析、可视化和访问 5 个部分，如图 5-10 所示。

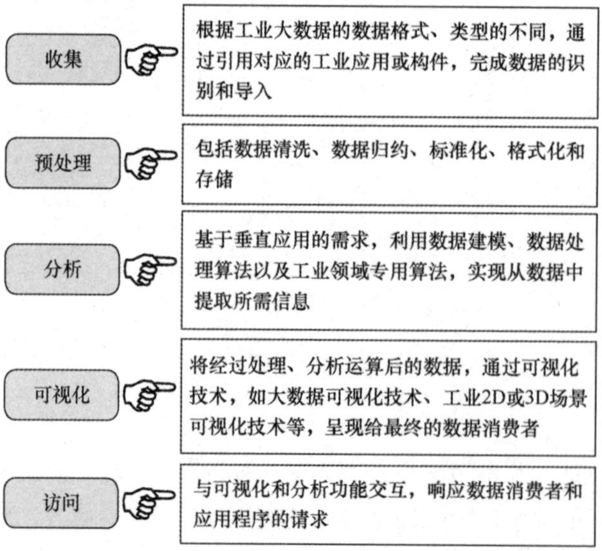

图5-10　工业大数据应用提供者的五大职能

4. 大数据框架提供者

大数据框架提供者主要为工业大数据应用提供者在创建具体应用时提供使用的资源和服务。大数据框架提供者包括基础设施、平台、处理框架、信息交互/通信和资源管理 5 个部分，具体见表 5-3。

表5-3 大数据框架提供者包含的内容

序号	内容	说明
1	基础设施	这部分为大数据系统中的所有其他要素提供必要的资源，这些资源由一些物理资源构成，这些物理资源可以控制/支持相似的虚拟资源，包括网络、计算、存储、环境等
2	平台	平台包含逻辑数据的组织和分布，支持文件系统存储和索引存储
3	处理框架	处理框架提供必要的基础设施软件，支持应用程序可实现数据数量、速度和多样性的处理，如批处理、流处理，以及两者的数据交换与数据操作
4	信息交互/通信	通信交互/通信包含点对点传输和存储转发两种通信模型。在点对点传输模型中，发送者通过信道直接将所传输的信息发送给接收者；而在存储转发模型中，发送者会将信息先发送给中间实体，然后中间实体再逐条转发给接收者。点对点传输模型还包括多播（一点对多点的通信）这种特殊的通信模式，在多播过程中，一个发送者可将信息发送给多个接收者而不是一个接收者
5	资源管理	资源管理主要是指对计算、存储及实现两者互联互通的网络连接管理。其主要目标是实现分布式的、弹性的资源调配，具体包括对存储资源的管理和对计算资源的管理

5. 数据消费者

数据消费者通过调用工业大数据应用提供者提供的接口按需访问信息，并进行加工处理，以达到特定的目标。数据消费者有很多种，典型的有智能化设计、智能化生产、网络化协同制造、智能化服务和个性化定制 5 种应用场景。

6. 安全和隐私

安全和隐私构件是指通过不同的技术手段和安全措施，构建大数据平台安全防护体系，实现覆盖硬件、软件和上层应用的安全保护，即从网络安全、主机安全、应用安全、数据安全 4 个方面来保证大数据平台的安全性。

7. 管理

管理构件主要包括 3 个方面的功能，如图 5-11 所示。

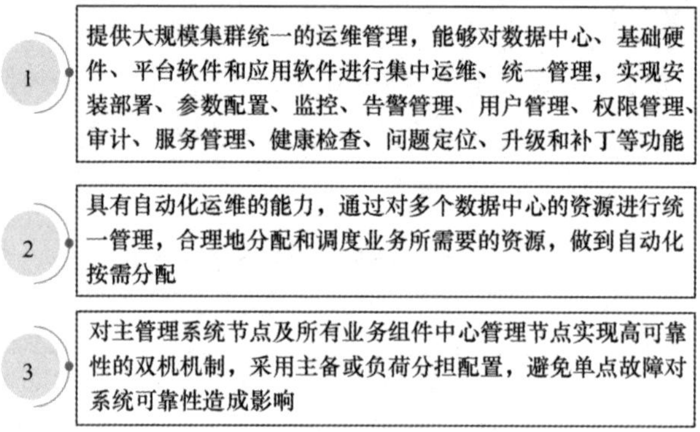

图5-11　管理构件的三大功能

5.6.2　工业大数据的三维架构

《工业大数据技术与架构》一文中给出了工业大数据架构，如图 5-12 所示。该架构包含 3 个维度：生命周期与价值流、企业纵向层和 IT 价值链。

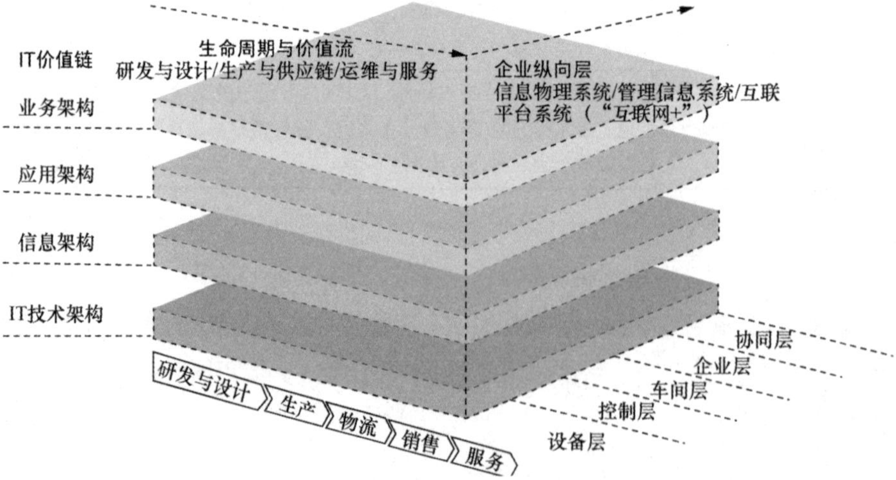

图5-12　工业大数据的维度架构

1. 生命周期与价值流维度

生命周期与价值流维度涵盖了整个产品生命周期的各阶段，即研发与设计、生产、物流、销售、运维与服务 5 个阶段。其中，生产、物流和销售可进一步归类于生产与供应链领域，因此生命周期与价值流维度包含了研发与设计、生产与供应链及运维与服务 3 个领域，各领域的应用场景如图 5-13 所示。

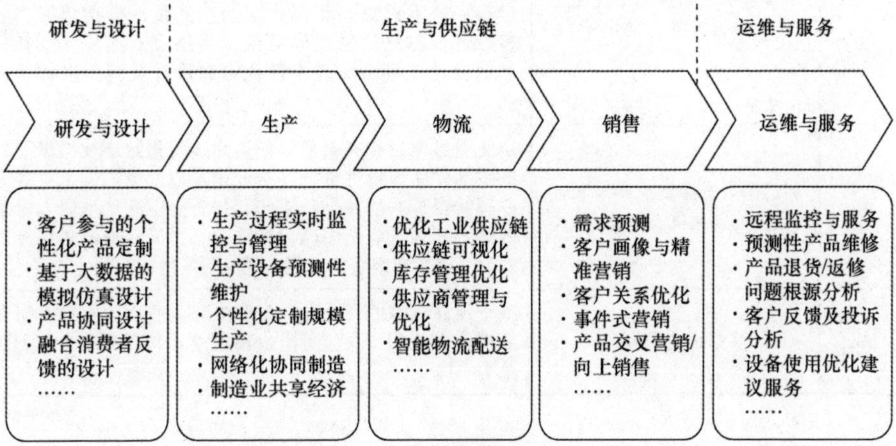

图5-13　各领域的应用场景

（1）研发与设计领域

研发数据是研发人员在研发设计过程中不断积累而形成的，来源于产品生命周期的各个环节。这些数据包括用户需求大数据、研发知识大数据、产品重用大数据、研发协同大数据等，具有跨产品和跨行业、种类繁多的特性。在研发与设计领域，通过充分利用工业大数据实现的典型应用及创新见表 5-4。

表5-4　研发与设计领域的典型应用及创新

序号	应用场景	说明
1	实现客户参与的个性化产品的定制设计	企业通过互联网平台能够收集用户的个性化产品需求、产品的交易数据；挖掘和分析这些动态数据，能帮助客户参与产品的需求分析和产品设计等活动，实现产品的定制化设计
2	实现基于大数据的模拟仿真设计	传统生产企业在测试、验证环节需要生产出实物来评测其性能指标，成本随测试次数的增加而不断提升。而利用虚拟仿真技术，可以实现对原有研发设计环节过程的模拟、分析、评估、验证和优化，从而减少工程更改量，优化生产工艺，降低成本和能耗

续表

序号	应用场景	说明
3	实现基于大数据的个性化定制设计的自动化	传统企业产品种类少，因此可采用先手工设计产品模型、生产样品，再进行量产的生产模式，但面对个性化、小批量生产的要求，传统模式将会使产品生产周期过长、成本过高。积累大量的产品设计模型数据，分析设计数据之间的关联关系，借助大数据技术及其他辅助设计工具可实现个性化定制设计及模型生成的自动化
4	促进研发资源集成共享和创新协同设计	企业通过建设和完善设计知识库，促进数字化图纸、标准零部件库等设计数据在企业内部以及供应链上下游企业间的资源共享和创新协同，提升企业跨区域研发资源统筹管理和产业链协同设计能力；提升企业的资源开发能力，优化重组研发流程，提高研发效率
5	培育研发新模式	基于设计资源的社会化共享和参与，企业立足自身研发需求培育众创、众包等研发新模式，从而提升企业创新能力

（2）生产与供应链领域

生产大数据不仅包括产品在生产制造过程中产品的产品生产信息、订单信息、设备信息、控制信息、物料信息、工作排程信息，还包括企业内部管理信息流、资金流、产品生产上下游的供应商及客户管理等相关辅助生产管理的信息，生产数据的采集依托于企业已有的资源管理、制造执行、工控管理、供应链管理、供应商管理、客户管理、商务管理等信息系统。这些数据具有时序性和强关联性。在生产与供应链领域，通过充分利用工业大数据实现的典型应用及创新见表 5-5。

表5-5　生产与供应链领域的典型应用及创新

序号	应用场景	说明
1	实现生产过程实时监控与管理及生产设备预测性维护	现代化工业制造生产线安装有数以千计的小型传感器，用来探测生产设备的工作状态，如温度、压力、热能、振动和噪声等数据。企业利用这些数据可实现生产过程实时监控、设备故障诊断与预测、能耗分析、质量事故分析等。此外，企业还可将生产制造各个环节的数据整合集聚，对生产过程建立虚拟模型，仿真并优化生产流程

续表

序号	应用场景	说明
2	实现个性化定制规模生产，推动现代化生产体系的建立	产品全生命周期内数据流转的自动化及对制造生产全过程的自动化控制和智能化控制，将促进信息共享、系统整合和业务协同，提高企业精准制造、高端制造、敏捷制造的能力，实现个性化定制规模生产，加速智能车间、智能工厂等现代化生产体系的建立，实现智能生产
3	实现网络化协同制造及制造业共享经济	企业通过“互联网+”进行生产资源在企业内或企业间的整合优化，实现企业内部的纵向协同制造或企业间的横向协同制造。工业大数据应用于“互联网+共享经济”，进行创新资源、生产能力、库存等生产资源的共享，从而实现制造业共享经济
4	优化工业供应链	射频识别等电子标识技术、物联网技术以及移动互联网技术能帮助工业企业获得完整的产品供应链的大数据，利用这些数据进行分析，将大幅提升仓储、配送、销售的效率和大幅降低成本。此外，企业跟踪产品库存和销售价格，并且准确地预测全球不同区域的需求，从而运用数据分析得到更好的决策，以此优化供应链
5	实现需求预测	良好的需求预测可更好地安排进货、生产；当需求下降时，可追溯问题原因，并解决问题
6	精准营销，扩展客源	企业运用工业大数据对客户画像、精准营销并对客户行为进行分析，可扩展客源，提升营销成功率及原有客户的满意度及忠诚度

（3）运维与服务领域

运维与服务领域的数据来源有很多，主要有：从嵌在产品中的传感器采集产品的实时运行状态数据及周边环境数据；从商务平台获得产品的销售数据、客户数据及相应的产品评价或使用反馈信息；客户投诉及相应处理记录；产品退货 / 返修记录及相应的维修记录。通过对这些数据进行分析、挖掘及预测，工业企业可不断创新产品，发展新的商业模式。在运维与服务领域，企业通过充分利用工业大数据可实现的典型应用及创新如图 5-14 所示。

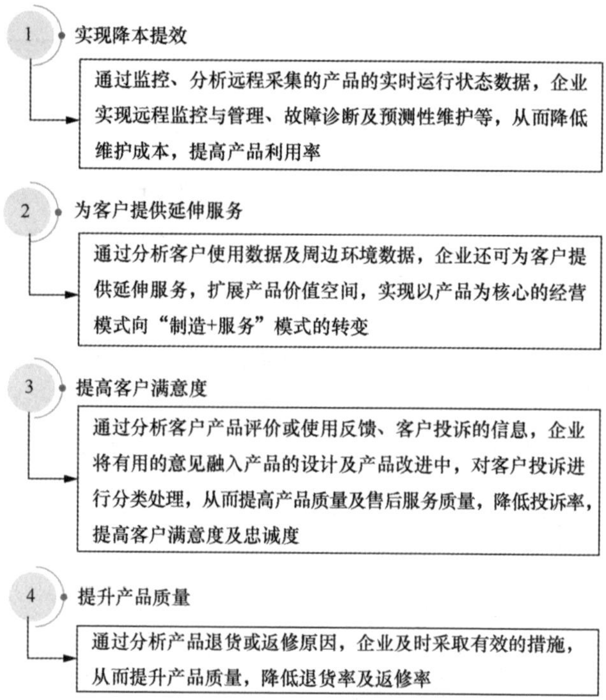

图5-14　运维与服务领域的典型应用及创新

2. 企业纵向层

工业大数据架构的企业纵向层从物理域的角度自下而上可分为 5 层，分别为设备层、控制层、车间层、企业层和协同层。设备层、控制层、车间层可利用物联网技术，基于信息物理系统实现智能工厂；在企业层，企业集成内部各种信息化应用，进行企业内部业务流程整合与改造，提升企业运行效率；协同层使用工业云平台等技术，实现企业外部协同制造及制造业服务化等创新业务模式。企业纵向维度可以分成信息物理系统、管理信息系统、互联平台系统 3 个子系统，具体如图 5-15 所示。

（1）信息物理系统

信息物理系统通过传感器和各类信息系统采集和汇聚机器运转数据、生产现场数据，实现泛在感知，并运用数据集成处理技术，对工业数据进行采集交换，实现对设备、车间的控制交互，以及工厂内外物理系统的互联互通，也为工业建模、仿真与分析提供数据基础，进而为企业运营决策提供支撑服务。

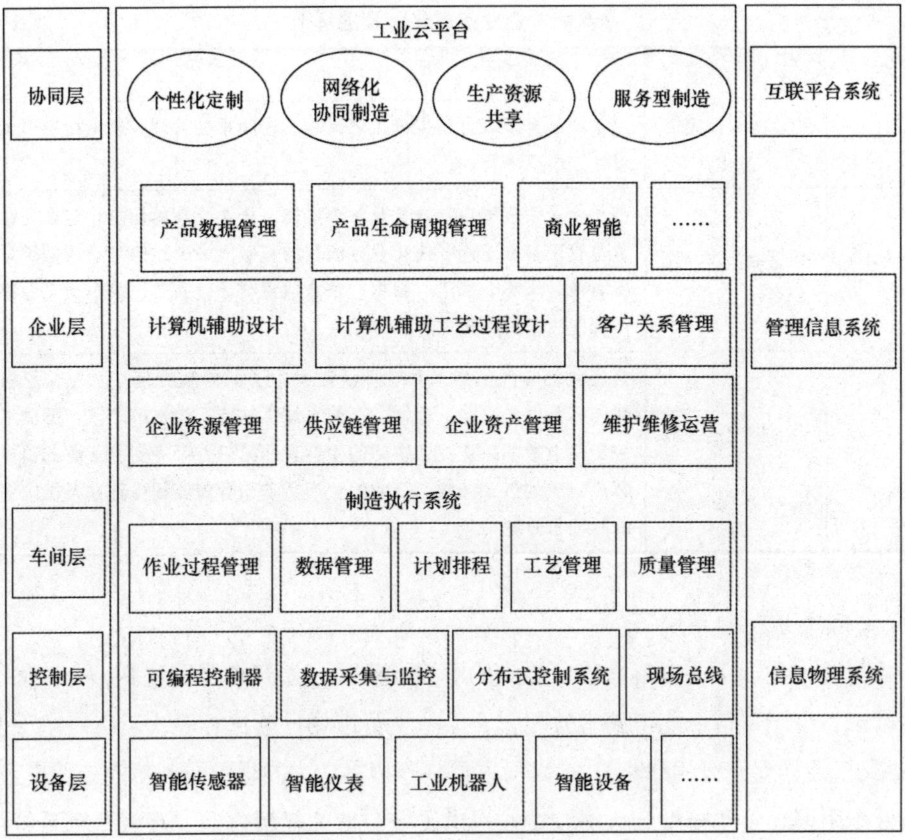

图5-15　企业纵向维度划分

在工业大数据架构的企业纵向层中，信息物理系统以大数据、网络与海量计算为依托，通过智能感知、分析、挖掘、评估、预测、优化、协同等技术手段，使计算、通信、控制实现有机融合，从而实现工业设备、环境等的网络空间与实体空间的深度融合。信息物理系统可将物理设备连接到互联网上，使物理设备具有计算、通信、精确控制、远程协调和自治五大功能。

（2）管理信息系统

管理信息系统用于实现企业各流程模块的信息互联、控制和集成化管理。

从动态的角度来看，企业信息化是信息技术由局部到全局、由战术层次到战略层次再向企业全面渗透，并被用于企业流程管理、经营管理的过程。企业信息化主要涉及生产过程控制、企业管理、企业供应链管理，具体见表5-6。

表5-6　企业信息化涉及的环节

序号	涉及的环节	说明
1	生产过程控制信息化	包括产品开发设计、生产工艺流程、车间现场管理、质量检验等各设计、生产环节
2	企业管理信息化	涉及企业管理的各项业务及各个层面。企业管理的信息化建设是在规范管理基础工作、优化业务流程的基础上，通过信息集成应用系统有效地采集、加工、组织、整合信息资源，高效、实时动态地提供管理信息和决策信息
3	企业供应链管理信息化	信息化使企业的生产和管理活动发生了前伸和后延。企业从原材料、零部件的采购、运输、存储、加工制造、销售等环节，形成了一条由上游的供应商、中间的生产者和第三方服务商、下游的销售客户组成的链式结构。企业的生产活动、管理流程受到这条供应链的制约和影响

（3）互联平台系统

当前，我国工业发展面临着极大的困境和挑战，如产能严重过剩、个性化产品稀缺、生产资料未能得到有效配置、大型设备市场日渐饱和等，亟待寻求工业回归、工业转型升级的战略方案。“互联网 +”极具活力的思维及创新的商业模式，为处于困境、亟待转型升级的制造业提供了一个新的转型方向。互联平台系统可实现的功能如图 5-16 所示。

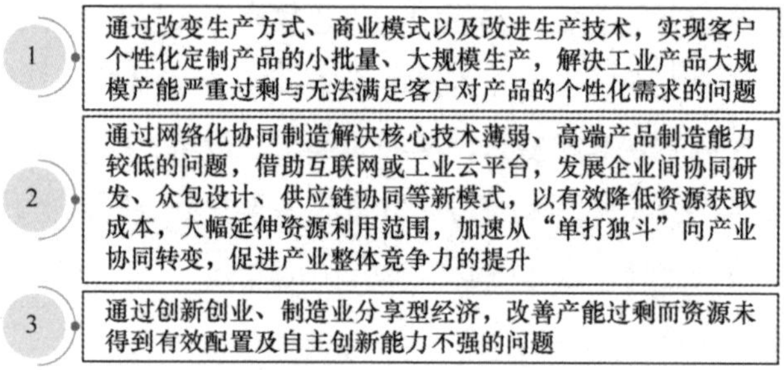

图5-16　互联平台系统可实现的功能

3. IT 价值链

大数据的价值通过数据的收集、预处理、分析、可视化和访问等活动来实现。在 IT 价值链维度上，大数据的价值通过网络、基础设施、平台、应用工具及其他服务来实现。

IT 价值链如图 5-17 所示。

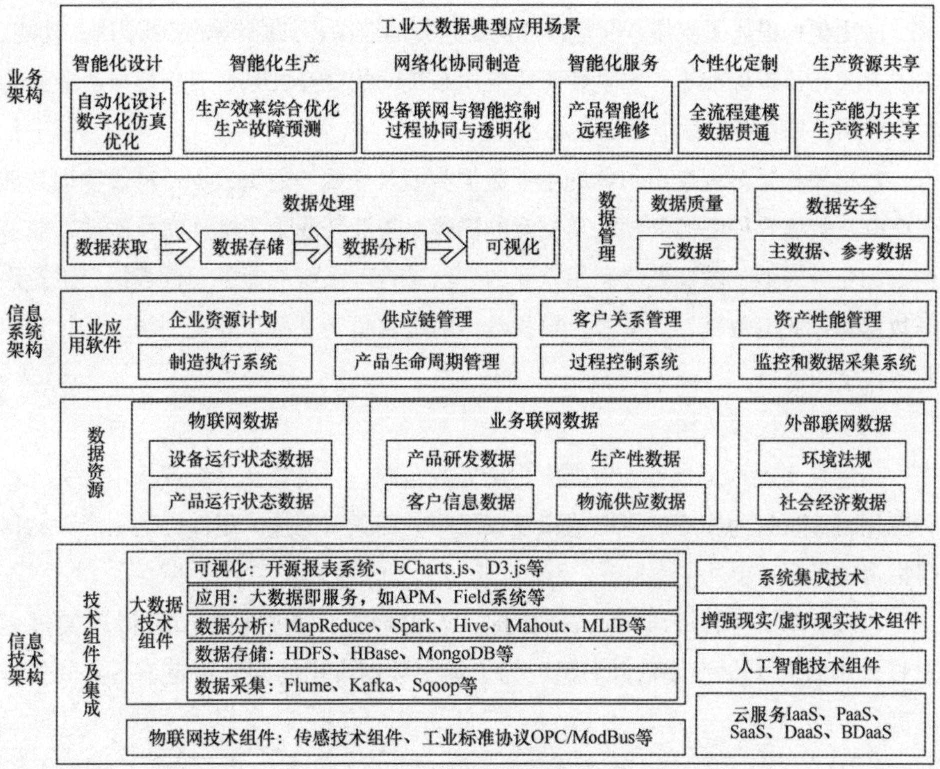

图5-17 IT 价值链

（1）业务架构

业务架构是企业将业务战略转化为日常运作的工具，业务战略决定业务架构。

业务架构是对企业关键业务战略及业务功能和流程的表达，通常是在业务模型的基础上实施的业务设计，从不同的视角阐述业务模块及其之间的关系，即业务的主要流程。

（2）信息系统架构

为充分发挥工业大数据的价值，企业需要构建统一的信息系统架构，以实现各应用系统的用户访问和互操作。

基于工业大数据业务战略的信息系统架构反映了制造企业的信息系统的各个组成部分之间的关系以及信息系统与相关业务、信息系统与相关技术之间的关系。信息系统架构包括应用架构和数据架构。

应用架构描述了支持企业运作的应用系统的蓝图，其中包含应用层次、功能、实现方式和建设标准等。它主要研究应用系统间的交互关系、应用与核心业务的对应关系，是企业总体框架的核心部分。

数据架构是对复杂组织体的主要数据类型及来源、逻辑数据资产、物理数据资产以及数据管理资源的结构及交互的描述。工业企业为了实现精益制造、业务创新和业务转型，需要充分利用企业内外信息管理系统的业务运营数据、工业现场数据和互联网数据，以多源、异构数据的融合集为基础，开发创新应用，实现业务优化和创新。

（3）信息技术架构

信息技术架构是指导大数据应用实施的蓝图，它将信息系统架构中定义的各种应用组件映射为相应的可以从市场或组织内部获得的技术组件，是制定架构信息集合的最后一步。

当前，物联网、云计算、大数据、人工智能、增强现实/虚拟现实等信息技术不断向工业领域融合渗透，为工业大数据应用的实施奠定了坚实的技术基础。

5.7 工业大数据的建设

5.7.1 工业大数据平台

工业大数据平台是工业大数据技术具体应用的载体，是推进工业大数据技术深度应用、提升工业大数据在产业中的整体发展水平的重要基石。

1. 从企业个体的角度来看

从企业个体的角度来看，工业大数据平台是企业工业大数据应用的核心。平台通过提供数据采集接口，对企业经营管理的业务数据、机器设备互联数据以及销售运维等外部数据进行采集、清洗，并基于工业大数据处理、分析、建模等关键技术，根据具体应用场景及需求，结合领域知识和算法，实现顶层应用支撑，产生应用价值。从全产业链的角度看，工业大数据平台是产业链实现数据互联的重要枢纽。

企业只有构建安全、可信的数据交换机制，打通不同企业的工业大数据平台，才能在商业生态系统中进行安全的数据交换和数据连接，对接工业制造和智能服务，实现全产业链条的协同制造。

2. 从平台建设的角度看

从平台建设的角度看，工业大数据平台首先需要大数据基础设施，例如基础的计算、存储、网络设备、云计算平台等的支撑；其次需要工业数据采集、存储、分析、可视化等关键技术支撑；最后还需运营管理保障，如通过监控、告警、备份、恢复和优化等方面，保障整个数据处理架构的稳定、高效运营。

3. 从平台功能的角度看

从平台功能的角度看，工业大数据平台实质上是大数据平台在工业领域的应用，因此工业大数据平台应当具备通用大数据平台针对数据全生命周期处理的所有功能。但由于工业数据来源复杂，工业大数据平台既要处理来自业务系统的工程数据和管理数据，又要处理来自物联网的高频时序数据和来自互联网的资源数据，因此工业大数据平台需要提高对不同来源数据的采集、集成、分析处理能力以及针对工业环境下的安全管控功能。

目前，我国部分企业已经具备自主研制的工业大数据平台，在工业大数据的采集、存储管理、分析等关键技术上也已经有所突破，然而针对工业大数据平台的边界还未在业内达成统一，需要以标准化的手段进行规范，以支撑我国工业大数据平台的发展。

5.7.2 从企业需求出发进行基于企业需求的数字化改造

安全、环保、节能、质量、高效永远是企业关心的主题，工业大数据领域中的企业，需要从以下方面进行数字化改造，以实现降本增效的目标：

① 采用各类软件系统，同时保证系统的兼容性和开放性；

② 财务管理、员工管理、车间管理等系统实现数据互通；

③ 加强智能设备的研发，可以让不具备数字化改造及转型条件的企业，也可以通过研发成本相对较低的各类传感器及数据采集器等来进行数据采集；

④ 利用云计算、边缘计算等技术提高数据处理速度，建立合适的数据模型，采用机器学习等技术使场景的识别更加准确，预警更加及时；

⑤ 开发工业 App，便于数据的查看。

他山之石

红领集团工业大数据技术的应用

红领集团（以下简称“红领”）通过工业大数据技术实现了从传统的服装厂到支持服装大规模个性化定制的大数据工厂的转型升级。红领拥有一套大数据信息系统和数据驱动的大规模定制化生产的智能化生产线，其中任何一项数据的变动都能驱动其余 9000 项数据的同步变动，并驱动生产线及时响应变化。红领每天都能设计、生产出 2000 种完全不同的个性化定制产品，实现了大规模定制生产及企业效益的大幅提升。

一、生命周期与价值流维度的业务创新

在传统服装业市场日渐疲软之时，红领发现了消费者日益寻求崇尚自我、彰显个性化的商品所蕴含的商机，并立志为客户提供合身、个性化的服装，以提升服装的附加价值，实现了业务模式的创新，提升了企业效益。为此，红领优化了其产品生命周期的各个阶段。

1. 研发与设计阶段

在研发与设计阶段，红领采集客户的个性化需求数据，并允许客户参与服装的个性化设计。服装的需求数据包括以下两个方面。

①量体数据，可通过 3 种方案进行采集：通过红领的三点一线量体法测量采集人体 19 个部位的 24 个数据，以掌握一个人的体型细节；根据客户体验过的大品牌服装尺码在红领数据库中自动匹配；客户自行选择标准号。

②衣服的个性化数据，包括面料、图案、光泽等，客户可全部自行设

计，也可只设计其中几项或采用红领推荐的个性化设计。红领借助新技术实现个性化设计的自动化，即自动化打版，以提高打版速度，缩短生产周期，降低产品价格。

2. 生产与供应链阶段

在生产与供应链阶段，红领需要实现个性化定制规模生产——拆解成衣。红领将一件服装的制造过程进行工序分解，然后将定制化设计转化成不同工序的生产指令数据并存储，以便在整个制作过程中流转、标识一套服装，最后，将生产线与信息化进行结合，对车间管理、生产线进行了智能化改造与柔性改造，实现个性化产品的工业流水线规模化生产，从而有效缩短了生产周期，提高了生产量。

3. 运维与服务阶段

在运维与服务阶段，红领收集并分析客户对服装的评价、穿着反馈及退换货原因等，不断改善量体数据关联规则、个性化设计选项及推荐规则，以提高产品质量、客户需求贴合度以及客户满意度与忠诚度。

二、企业纵向层的协同

为实现个性化定制，红领在企业各层开发和引进了相应的系统，并对生产过程进行智能化改造，使数据能在产品全生命周期内自动流转，实现了数据的实时共享与无缝连接、企业纵向层各系统间的协同以及智能生产。

首先，红领在企业转型中引入了互联网思维，建设互联网平台，为用户提供了表达个性化需求并参与产品设计的平台。平台在采集完客户个性化需求数据之后，生成订单，并将其传送到数据系统。

其次，红领开发和引进了相关的信息系统，为个性化设计、生产、配送、服务等提供支持。大数据系统可实现个性化服装的自动打版，并将版型设计转化成相应的生产指令数据，按工序记录在一张射频电子标签中，将其作为该服装在整个产品生命周期中的“身份证”。ERP、SCM（Supply Chain Management，供应链管理）、CRM（Customer Relationship Management，客户关系管理）等系统在大数据系统的支持下可实现对订单、供应链、客户关系等的管理。

最后，红领对车间管理、生产线进行了智能化改造与柔性改造，比如，通过制造执行系统、数据采集与监视控制系统等对生产过程进行监控与管理；通过引进智能装备 / 系统，如自动裁床、AGV（Automated Guided Vehicle，自动引导车）、智能分拣配对系统、智能吊挂摘挂系统、智能分拣送料取料系统、智能对格剪裁系统等，完成生产线的半自动化改造，并对生产工序进行科学拆解、重新编程、重新组合，实现个性化服装的流水线批量生产。

三、IT 价值链的支撑

红领实现个性化转型的核心竞争力是一套大数据信息系统和数据驱动的智能化生产线。红领通过网络、基础设施、平台、应用工具、规模定制化生产及其他服务，实现运营效率的提升和业务的创新，具体如下。

① 红领通过互联网平台实现了客户个性化需求数据的采集，通过积累大量的产品设计模型数据，建立了大数据信息系统。该系统借助大数据技术、AI 技术分析量体数据中一个部位的变化引起的身体其他部位的关联变化规律（如腰围数据的变化会引起立裆等数据的变化），建立规则库，设计数学模型，从而解决了自动打版中大量的数据关联变化的难点问题，实现了个性化设计的自动化打版，并支持客户个性化设计的自动匹配推荐。随着数据的累积，该系统已具有大量的服装版型和设计元素，能满足大部分用户的个性化定制需求。

② 红领通过云计算平台、云端数据库实现了产品全生命周期内数据流动的自动化、无缝衔接。在制作过程中，操作人员或自动化设备通过射频电子标签访问云端数据库，即可获取该套服装的所有定制化信息，如个性化需求数据及相应的生产指令数据等。

③ 红领通过物联网技术、AI 技术实现生产线的半自动化改造，实现个性化服装的流水线批量生产，并在生产过程中使用大数据分析解决生产线平衡和瓶颈问题，使之达到产能最大化、排程最优化及库存和成本最小化。红领的成衣通过物流通道快速配送至客户手中，客户有意见或建议可通过大数据客服平台进行反馈。

第6章

智慧工厂的建设

智慧工厂是制造企业创新发展的主战场，以智慧工厂为最终目标的新一轮产业革命是扭转制造企业低质低效、实现新旧动能转换的关键所在。

在信息物理系统的支持下，离散制造企业需要实现生产设备网络化、生产数据可视化、生产文档无纸化、生产过程透明化、生产现场无人化，做到纵向、横向和端到端的集成，实现优质、高效、低耗、清洁、灵活的生产，最终建立基于工业大数据的智慧工厂。

6.1 智慧工厂概述

6.1.1 智慧工厂的简介

智慧工厂是在数字化工厂的基础上，利用物联网技术和设备监控技术来加强信息管理和服务，清楚掌握产销流程，提高生产过程的可控性，减少生产线上的人工干预，及时正确地采集生产线数据，以及合理地编制生产计划与控制生产进度；并将绿色智能手段和智能系统等集于一体，构建高效节能的、绿色环保的、环境舒适的人性化工厂。

智慧工厂可以被广义地理解为“物理工厂 + 数字化工厂”，如图 6-1 所示。现阶段绝大多数的制造企业转型升级的方向是实现生产自动化。

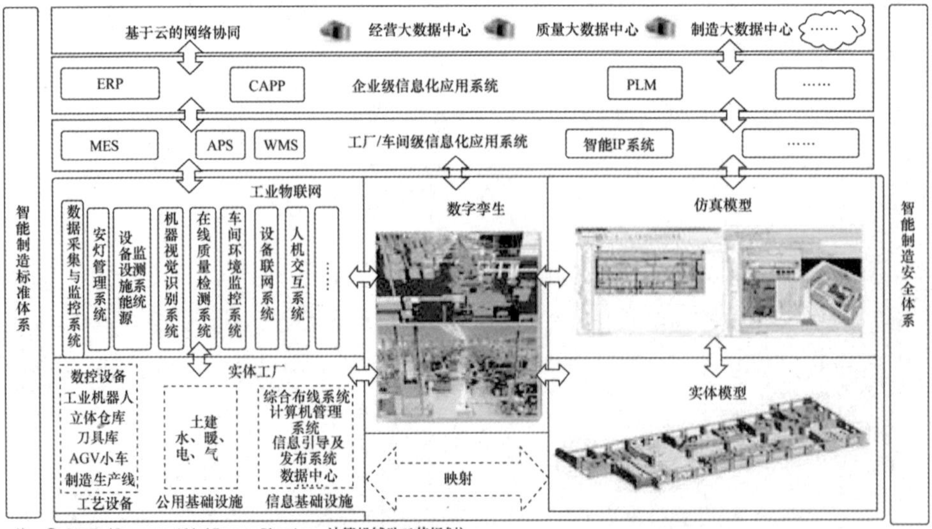

注：① CAPP（Computer Aided Process Planning，计算机辅助工艺规划）。
② APS（Advanced Planning and Scheduling，进阶生产规划及排程系统）。
③ WMS（Warehouse Management System，仓储管理系统）。

图6-1 物理工厂+ 数字化工厂

数字化工厂是在生产自动化的基础上，应用物联网和大数据技术，以端到端数据流为基础，以互联互通为支撑，构建高度灵活的个性化和数字化的智能制造模式，实现信息深度自感知、智慧优化自决策、精准控制自执行。这是制造企业在生产自动化程度达到较高水平后，将装备优势转化为产品和市场优势、实现升级转型的必然结果。

企业将物理工厂中的业务及实体转化为数字化的虚拟工厂，并建立数字化工厂与物理工厂之间实时、紧密的映射关系，充分利用虚拟工厂强大的仿真计算能力，评估工厂的现状并模拟未来的运营状态，以最优化的仿真结果来调配工厂的制造资源，并开展相应的活动。

另外，数字化工厂模型要在整个生产过程中得到维护，以确保模型与工厂/车间的有效连接。由于有建模和模拟工具，新的配置方案可以在数字化工厂进行测试，以便在验证后更快地在物理工厂中实施；同时，物理工厂的完善可以在工厂虚拟模型上得到反馈和保存。

6.1.2 智慧工厂涉及的五大关键词

智慧工厂是高度互联和智能化的数字时代的产物，涉及互联互通、数字化、大数据、智能装备与智能供应链五大关键词。

1. 互联互通

互联互通是通过 CPS 将人、物、机器与系统进行连接，以物联网为基础，通过传感器、射频识别、二维码和通信网等实现信息的采集，通过 PLC 和本地及远程服务器实现人机界面的交互，在本地服务器和云存储服务器上实现数据读写，与 ERP、PLM、MES 和 SCADA 等平台实现无缝对接，从而实现信息畅通及人机智能。互联互通可帮助智慧工厂实现从订单、采购、生产到设计等环节的信息的实时处理与传输；另外，相关设计供应商、采购供应商、服务商和客户等与智慧工厂实现互联互通，可共享生产信息、服务信息。采购供应商可以随时提取生产订单信息；客户可以随时提交自己的个性化订单且可以查询订单的生产进度；服务商可以随时与客户进行沟通并进行相关事务的处理。

2. 数字化

数字化包含两方面内容。一方面，智慧工厂在工厂规划设计、工艺装备开发及物流等环节全部应用三维设计与仿真；通过仿真分析，消除设计过程中的问题，减少后期改进改善的投入成本，从而达到降低设计成本与提高质量的目的，实现数字化制造和灵活生产的目标。

另一方面，数字工厂的建设采用传感器、定位识别、数据库分析等数字化技术，即数字化贯穿于整个生产环节。从某种程度而言，数字化的实现程度成为智能制造战略成功的关键。

3. 大数据

大数据的战略意义不在于掌握庞大的数据信息，而是对数据进行专业化处理，将来自各专业的各类型数据进行提取、分割、建立模型并进行分析，深度挖掘数据背后的信息及价值。现阶段虽然有很多企业在数据采集方面已经取得一定成就，但仅仅停留在形成报表的层面，采集的数据无法直接用于分析，反映了采集的数据质量不好或数据分析人员的能力不足，这是大数据分析领域面临的重要挑战。

4. 智能供应链

智能供应链包括供应物流、生产物流、整车物流，各环节的物流信息实现实时采集、同步传输、数据共享，确保了订单的准时交付，达到准时化、可视化的目的。

5. 智能装备

智能装备是指具有感知、分析、推理、决策、控制功能的制造装备。它是先进制造技术、信息技术和智能技术的集成和深度融合，如谷歌旗下公司开发的 AlphaGo 具备深度学习的功能，可以根据实际形势自动分析判断、逻辑推理。AlphaGo 的出现象征着计算机技术已进入人工智能的新信息技术时代（新 IT 时代），AlphaGo 也预示着智能装备的时代来临，充分证明智能装备是智慧工厂物联网和数字化制造的基础，也是物联网实现的关键要素。

6.1.3 智慧工厂的特征

1. 生产设备网络化

工厂运用物联网技术，将各种信息传感设备连接于生产设备上，使之网络化，以便实时采集任何需要监控、连接、互动的物体或过程等各种需要的信息，其目的是实现设备与设备、设备与人的网络连接，方便识别、管理和控制。

2. 生产文档无纸化

生产文档进行无纸化管理后，工作人员在生产现场即可通过联网的计算机、手机或其他手持终端快速查询、浏览、下载所需要的生产信息，生产过程中产生的资料能够即时被归档保存，从而避免文件、数据丢失，这进一步提高了生产准备效率和生产作业效率，并实现了生产的绿色、环保。

3. 生产数据可视化

工厂里的信息系统每隔几秒就收集一次生产数据，工作人员利用这些数据可以分析设备开机率、主轴运转率、主轴负载率、运行率、故障率、生产率、设备综合效率（Overall Equipment Effectiveness，OEE）、零部件合格率、质量百分比等。在生产工艺改进方面，工作人员利用这些大数据，能够分析整个生产流程。一旦某个流程偏离了标准工艺，就会产生一个报警信号，工作人员能更快速地发现错误或者所遇瓶颈，也就能更容易地解决问题。

利用大数据技术，制造企业还可以对产品的生产过程建立虚拟模型，仿真并优化生产流程，当所有流程和绩效数据都能在系统中重建时，这种透明度将有助于制造企业改进其生产流程。在能耗分析方面，企业利用传感器集中监控所有的生产流程，能够发现能耗的异常或峰值情形，从而可在生产过程中优化能源的使用。

4. 生产过程透明化

机械、汽车、航空、船舶、轻工、家用电器和电子信息等离散制造企业发展智能制造的目的是拓展产品的价值空间。其侧重从单台设备自动化和产品智能化入手，基于生产效率和产品效能的提升实现价值增长，因此其智慧工厂的建设模式为：推进生产设备（生产线）智能化，通过引进各类符合生产所需的智能装备，建立基于制造执行系统的车间级智能生产单元，以提高精准制造、敏捷制造、透明制造的能力。

5. 生产现场无人化

在离散制造企业的生产现场，数控加工中心的智能机器人和三坐标测量仪及其他所有柔性化制造单元均实现自动化排产调度，工件、物料、刀具均实现自动化装卸调度，达到了无人值守的全自动化生产模式。系统可自动地调度及执行管理生产任务，管理人员可远程查看管理单元内的生产状态，整个生产过程无须人工参与，真正实现“无人”智能生产。

6.2 智慧工厂的主要建设模式

由于各个行业的生产流程及智能化情况不同，智慧工厂有以下几种不同的建设模式，具体如图 6-2 所示。

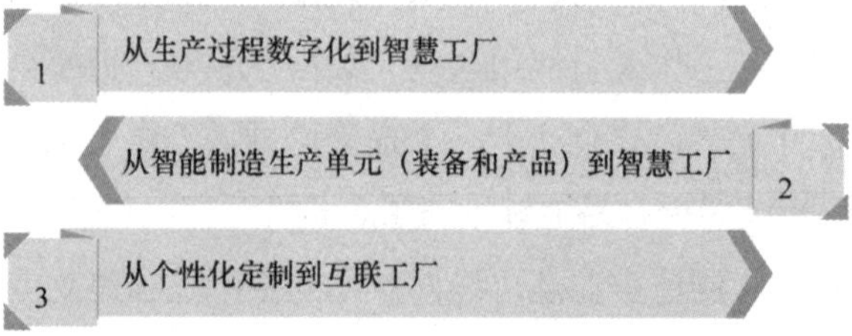

图6-2 智慧工厂的主要建设模式

6.2.1 从生产过程数字化到智慧工厂

在石化、钢铁、冶金、建材、纺织、造纸、医药、食品等流程制造领域，企业发展智能制造的内在动力在于产品品质可控，工业物联网侧重从生产数字化建设起步，基于品控需求从产品末端控制向全流程控制转变，因此其智慧工厂建设模式的推进步骤如图 6-3 所示。

6.2.2 从智能制造生产单元（装备和产品）到智慧工厂

机械、汽车、航空、船舶、轻工、家用电器和电子信息等离散制造企业的智慧工厂建设模式的推进步骤如图 6-4 所示。

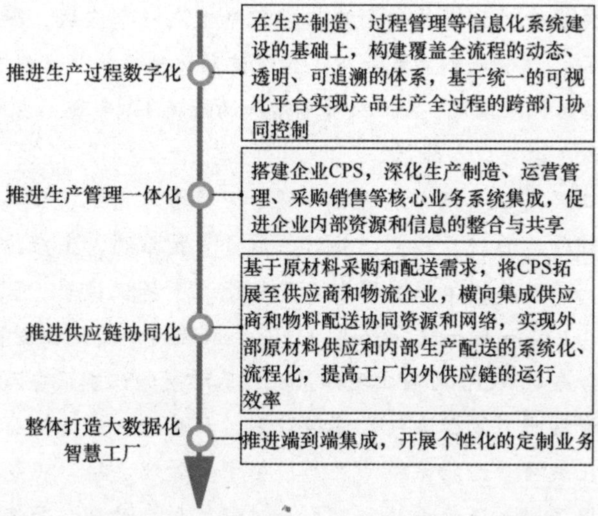

图6-3　从生产过程数字化到智慧工厂建设模式的推进步骤

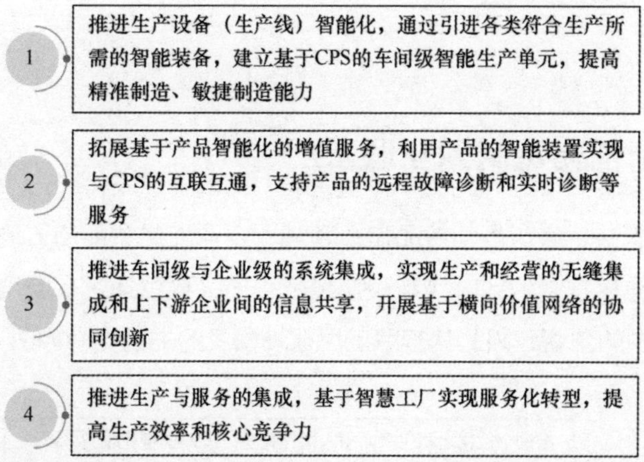

图6-4　从智能制造生产单元（装备和产品）到智慧工厂建设模式的推进步骤

他山之石

三一重工的智慧工厂模式

三一重工的18号厂房是总装车间，有混凝土机械、路面机械、港口机械等多条装配线，其通过在生产车间建立“部件工作中心岛”，即单元化生产，将每一类部件从生产到下线的所有工艺都集中在一个区域，即一个独立的“岛屿”内完成。这种组织方式打破了传统流程化生产线呈直线布置的弊端，在结构件制造工艺不改变、生产人员不增加的情况下，实现了占地面积减少、生产效率提高、运行成本降低。

三一重工已建成车间智能监控网络和刀具管理系统，公共制造资源定位与物料跟踪管理系统，计划、物流、质量管控系统，生产控制中心，中央控制系统，还与其他单位共同研发了智能上下料机械手、基于分布式数控（Distributed Numerical Control，DNC）系统的车间设备智能监控网络、智能化立体仓库与 AGV 运输软硬件系统、基于射频识别设备及无线传感网络的物料和资源跟踪定位系统、高级计划排程系统、制造执行系统、物流执行系统、在线质量检测系统、生产控制中心管理决策系统等关键核心智能装置，实现了对制造资源跟踪，生产过程监控，计划、物流、质量集成化管控的均衡化混流生产。

6.2.3 从个性化定制到互联工厂

在家电、服装、家居等消费品制造领域，企业发展智能制造的重点在于充分满足消费者多元化需求的同时实现规模经济生产，侧重通过互联网平台开展大规模个性定制模式的创新，因此其智慧工厂建设模式的推进步骤如图 6-5 所示。

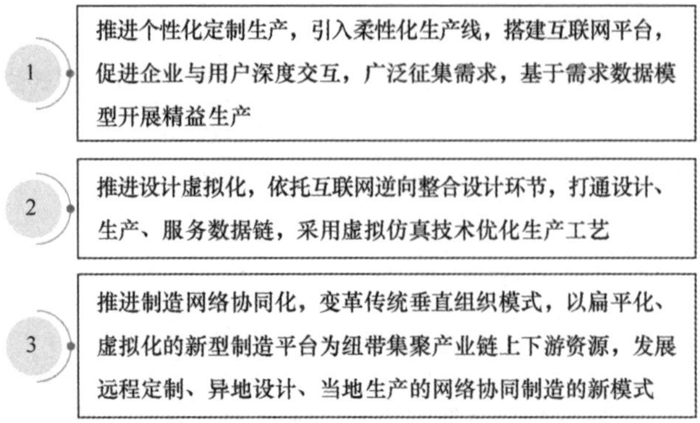

图6-5　从个性化定制到互联工厂建设模式的推进步骤

6.3 智慧工厂的建设内容

6.3.1 实体工厂

实体工厂是整个智慧工厂的基础层，主要包括工厂的工艺设备、公用设施设备和信息基础设施，如图 6-6 所示。

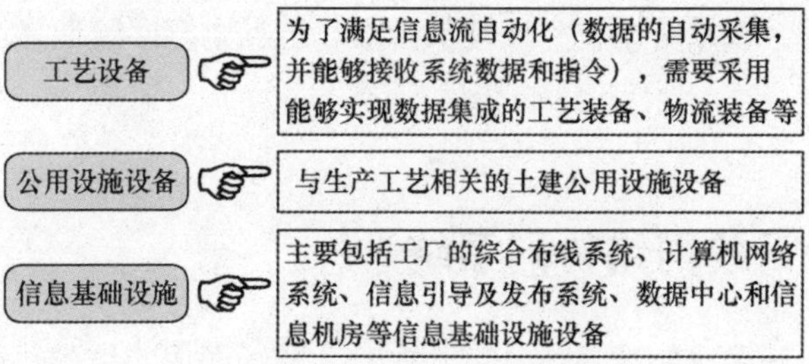

图6-6　实体工厂建设的内容

6.3.2 工业物联网

工业物联网是整个智慧工厂的控制层，主要完成数据的传输、传递以及集成等任务，主要包括数据采集与监控系统、安灯管理系统、设备设施能源监测系统、机器视觉识别系统、在线质量检测系统、车间环境监控系统、设备联网系统以及人机交互系统等。

6.3.3 数字化工厂

数字化工厂（又称虚拟工厂）是整个物理工厂（实体工厂和工业物联网以及信息化应用系统中所有物理设备的集合）的映射，主要为实体模型和仿真模型，能够迭代优化工艺方案并指导智能化工厂的建设，最终形成企业的数字资产。

6.3.4 信息化应用系统

1. 车间级信息化应用系统

车间级信息化应用系统是整个车间的执行层，主要完成订单的接收并将其转化为生产指令，主要由制造执行系统、高级排程系统、仓储管理系统、智慧能源系统等组成。

2. 企业级信息化应用系统

企业级信息化应用系统是整个企业的决策层，主要包括企业资源管理系统、计算机辅助设计系统、产品生命周期管理系统、服务生命周期管理系统、应用生命周期管理系统等。该系统主要完成订单接收、产品全寿命管理和产品工艺研发等任务。

6.3.5 基于云的网络协同系统

网络协同系统要求制造系统具有开放的、即插即用的结构，在制造资源动态变化时，如加入、撤销、更改服务等，这些信息可动态刷新，并被所有资源所利用。基于云的网络协同系统能够迅速集结所需的制造资源，并组织生产，完成客户所提交的制造任务，甚至可以让客户参与到产品的设计与制造工作中以及客户订单任务执行状态的跟踪等。基于云的网络协同系统主要应用在企业经营管理、质量管理和制造管理方面。

6.3.6 智能制造标准体系和安全体系

智能制造标准体系是智能制造工作的顶层设计和基础保障。标准化工作是智能制造工作成功的关键，通过标准化的推广和应用，技术创新才能迅速扩散，并转化为现实的生产力；同时，制造业面临日益严峻的安全形势，在这种情况下，我们需要构建与业务融合的多重、多维度内生安全防御体系，保障智慧工厂建设的顺利进行。总而言之，企业智能制造的标准体系和安全生产体系，用于保障工厂的智能制造系统运行。

6.4 智慧工厂建设的规划

智慧工厂的建设，必须要从投资预算、技术先进性、投资回收期、系统复杂性、生产的柔性等多个方面进行综合权衡、统一规划，避免产生“信息孤岛”，这样才能确保做出真正可落地、既具有前瞻性又有实效性的智慧工厂规划方案。企业在进行智慧工厂的规划时要充分考虑以下事项。

6.4.1 制造工艺的分析与优化

在建设新工厂时，企业首先需要根据自身在产业链中的定位，以及拟生产的主要产品、生产类型、生产模式、核心工艺，以及生产纲领，对加工、装配、包装、检测等工艺进行分析与优化。企业需要充分考虑智能装备、智能生产线、新材料和新工艺的应用对制造工艺带来的变化；同时基于绿色制造和循环经济的理念，通过工艺改进节能降耗、减少污染排放；还可以应用工艺仿真软件，对制造工艺进行分析与优化。

6.4.2 数据采集

企业在生产过程中需要及时采集产量、质量、能耗、加工精度和设备状态等数据，并将其与订单、工序、人员进行关联，以实现生产过程的全程追溯。有些企业还需要采集环境数据，如温度、湿度、空气洁净度等数据。

企业需要根据采集的频率要求来确定采集方式，对于需要高频率采集的数据，应当从设备控制系统中自动采集。企业在进行智慧工厂的规划时，要预先考虑好数据采集的接口规范，以及（监控和数据采集）系统的应用。不少厂商开发了数据采集终端，这种采集终端可以外接在机床上，解决老设备数据采集的问题，企业可以选择应用。

6.4.3 设备联网

企业若要实现智慧工厂，推进工业互联网的建设，实现制造执行系统的应用，最重要的是要实现设备与设备之间的互联，建立工厂网络。那么，设备与设备之间如何互联？采用怎样的通信方式（有线、无线）、通信协议和接口方式？采集的数据如何处理？企业应当针对这些问题建立统一的标准。

在此基础上，企业可以实现对设备的远程监控。机床联网之后，可以实现DNC应用。设备联网和数据采集是企业建设工业互联网的基础。

6.4.4 工厂智能物流

企业要推进智慧工厂的建设，生产现场的智能物流十分重要，尤其是对于离散制造企业。企业在进行智慧工厂规划时，要尽量减少无效的物料搬运。很多制造企业在装配车间建立了集中拣货区，根据每个客户订单进行集中配货，并通过数字分拣的方式进行快速拣货，将其配送到装配线，消除了线边仓。

离散制造企业在两道机械工序之间可以采用带有导轨的工业机器人、桁架式机械手等方式来传递物料，还可以采用AGV、有轨穿梭车或者悬挂式输送链等方式传递物料。车间现场还需要根据前后道工序之间产能的差异，设立生产缓冲区。立体仓库和辊道系统的应用，也是企业在规划智慧工厂时，需要系统分析的问题。

6.4.5 生产质量管理

提高质量是工厂管理永恒的主题，企业在进行智慧工厂规划时，生产质量管理更是核心的业务流程。我们必须在建设生产管理信息系统时统一规划质量保证体系，同步实施质量控制活动质量保证体系，贯彻质量是设计、生产出来的，而非检验出来的理念。

6.4.6 设备管理

设备是生产过程的必备要素，发挥设备综合效率（Overall Equipment Effectiveness，OEE）是智慧工厂生产管理的基本要求，OEE的提升标志着产能的提高和成本的降低。生产管理信息系统需设置设备管理模块，工厂通过该模块使设备释放最高的产能，并合理安排生产流程，提升关键、瓶颈设备的生产效率；设备管理模块中设置了各类设备数据库，这些数据库可存储各类数据。企业应建立设备的健康管理档案，并根据设备运行数据建立故障预测模型，该模型可进行预测性维护，最大限度地减少设备的非计划性停机。

6.4.7 智能厂房的设计

我们在设计智慧工厂的厂房时需要引入建筑信息模型，通过三维设计软件设计水、电、气、网络等管线。同时，我们还要规划智能厂房的智能视频监控系统、智能采光与照明系统、通风与空调系统、智能安防报警系统、智能门禁一卡通系统、智能火灾报警系统等。智能视频监控系统通过人脸识别技术以及其他图像处理技术过滤掉视频画面中的干扰信息，自动识别不同物体和人员，并从中分析抽取关键信息，判断监控画面中的异常情况，并以最快和最佳的方式发出警报等。

整个厂房根据工业工程的原理进行分区（加工、装配、检验、进货、出货、仓储等），我们可以使用数字化制造仿真软件仿真设备布局、产线布置、车间物流等。我们在设计厂房时还应当考虑如何降低噪声、如何灵活调整布局设备、多层厂房如何进行物流输送等细节问题。

6.4.8 智能装备的应用

企业在规划智慧工厂时，必须高度关注智能装备的最新发展。机床设备正从数控化走向智能化，一些企业开始应用智能化设备，并在设备上下料时采用工业机器人。

未来的工厂中，金属增材制造设备将与切削加工（减材）、成型加工（等材）

等设备组合，极大地提高材料的利用率。智慧工厂除了使用六轴的工业机器人之外，还应该考虑应用并联机器人、协作机器人等。

6.4.9 智能生产线的规划

智能生产线是企业规划智慧工厂的核心环节，企业需要采用价值流图等方法合理规划智能生产线。智能生产线的特点是：通过传感器、数控系统或射频识别自动采集各种数据，并实时显示生产状态；生产线能够实现自动化快速换模功能；支持多种相似产品的混线生产和装配，工艺灵活，适应小批量、多品种的生产模式；具有一定的冗余，如果某台设备出现故障，生产任务可切换至其他的设备上。

6.4.10 能源管理

对于高能耗的工厂，进行能源管理的工作是非常有必要的。能源管理工作是指相关设备采集能耗监测点（变配电、照明、空调、电梯、给排水、热水机组和重点设备）的能耗和运行信息，这些信息可以帮助企业分类、分项、分区域分析能耗，统一调度能源、优化能源的介质平衡，达到优化使用能源的目的。同时，通过对重点设备的实时能耗监测，企业可以准确了解设备的运行状态，从而自动计算 OEE。通过设备能耗的突发波动，企业还可以预测刀具和设备故障。

6.4.11 生产无纸化

工厂在生产过程中会给工件配备图纸、工艺卡、生产过程记录卡、变更单等纸质文件将其作为生产依据。随着信息化技术的提高和智能终端成本的降低，企业在规划智慧工厂时可以将信息化终端普及到每个工位上，结合轻量化三维模型和 MES，操作工人可在信息化终端上接受工作指令，接受图纸、工艺、变更单等生产数据，还可以灵活地适应生产计划变更、图纸变更和工艺变更。目前，很多厂商提供工业平板显示器，有些工厂甚至可以将智能手机作为终端，完成生产信息的查询等工作。

6.4.12 工业安全

企业在规划智慧工厂时，需要充分考虑各种设备是否存在安全隐患，在有可能存在安全隐患的位置设立安全报警装置等安防设施。同时，随着越来越多的企业应用各种智能装备和控制系统，各智能装备也相继联网，因此，安全隐患和风险也迅速增加，现在已出现了专门攻击工业自动化系统的病毒，企业在规划智慧工厂时，必须将工业安全作为一个专门的领域进行规划。

6.4.13 精益生产

精益生产的核心思想是消除浪费，确保工人以最高效的方式协作。很多企业采取按订单内容生产的方式，以满足小批量、多品种的生产要求。为达到这一目的，智慧工厂需要准时配送零部件和原材料，因此，需要采用拉动方式组织生产，及时解决生产过程中出现的异常问题，很多企业采用了U型生产线和组装线，并建立了智能制造单元。

6.4.14 人工智能技术的应用

人工智能技术被应用到图像识别、语音识别、智能机器人、故障诊断与预测性维护、质量监控等领域，覆盖研发创新、生产管理、质量控制、故障诊断等多个方面。企业在建设智慧工厂时，应充分应用人工智能技术。企业可利用机器学习技术，分析产品缺陷与历史数据的关系，从而提高产品的质量；利用机器视觉代替人眼，提高生产的柔性和自动化程度，进而提升产品质检效率和可靠性。

6.4.15 数据管理

数据是智慧工厂的“血液”，在各应用系统之间流动。智慧工厂在运转的过程中，会产生设计、工艺、制造、仓储、物流、质量、人员等业务数据，这些数据分别来自ERP、MES、APS、WMS等各种应用系统。因此，企业在建设智慧工厂时，需要一套统一的标准体系管理数据，建立一系列管理数据的规范，以保证数据的一致性和准确性。另外，企业还应当建立专门的数据管理部门，该部门按照数据管理规范解决各种问题，并定期检查、落实、优化数据管理的技术标准、流程和执行情况。

6.4.16 人员管理

在规划智慧工厂时，企业还应当重视员工绩效的提升。通过分析整体劳动效能指标，企业可以清楚了解员工的绩效，找到人员绩效改进的方向和办法。分析劳动力绩效的基础是及时、完整、真实的数据，企业通过考勤机、排班管理软件、MES 等实时收集考勤、工时和车间生产的基础数据，使用数据分析手段衡量人工与资源（如库存或机器）在可用性、绩效和质量方面的相互关系，从而实现整个工厂真正的人力资本最优化和整体劳动效能的提高。

6.5 数字化工厂的建设

工厂在制造型企业中处于非常重要的位置，数字化工厂已成为当前许多国内外企业信息化建设的主流趋势。建设数字化工厂是企业提高运维管理水平的客观需要。通过建设数字化工厂，企业可实现生产运营的数字化、模型化、可视化、集成化，从而提高企业的劳动生产率、安全运行能力、应急响应能力、风险防范能力和科学决策能力。

6.5.1 数字化工厂概述

数字化工厂技术在高性能计算机及高速网络的支持下，采用数字化建模计算机仿真及虚拟现实技术，以群组协同工作的方式，对真实制造世界的对象和活动进行建模与仿真研究。

数字化工厂以 MES 为核心，管控工厂内的制造资源、计划和流程等。数字化工厂与产品设计层紧密关联，是设计意图的物化环节，通过系统集成，数字化工厂还与企业层和设备控制层实时交换数据，形成制造决策、执行和控制等信息流的闭环。

1. 数字化工厂的特点

数字化工厂具有图 6-7 所示的特点。

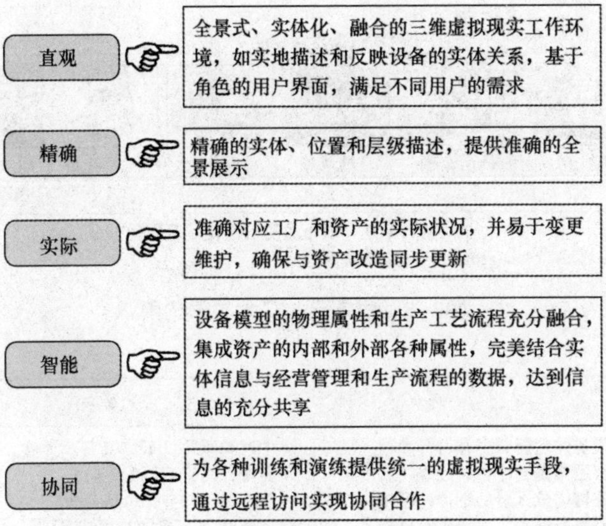

图6-7　数字化工厂的特点

2. 数字化工厂的工作范围

数字化工厂的工作范围如图 6-8 所示。

3. 数字化工厂的核心内容

数字化工厂的核心内容如图 6-9 所示。

4. 数字化工厂的分层管理

数字化工厂可分成 3 个层次进行管理，具体见表 6-1。

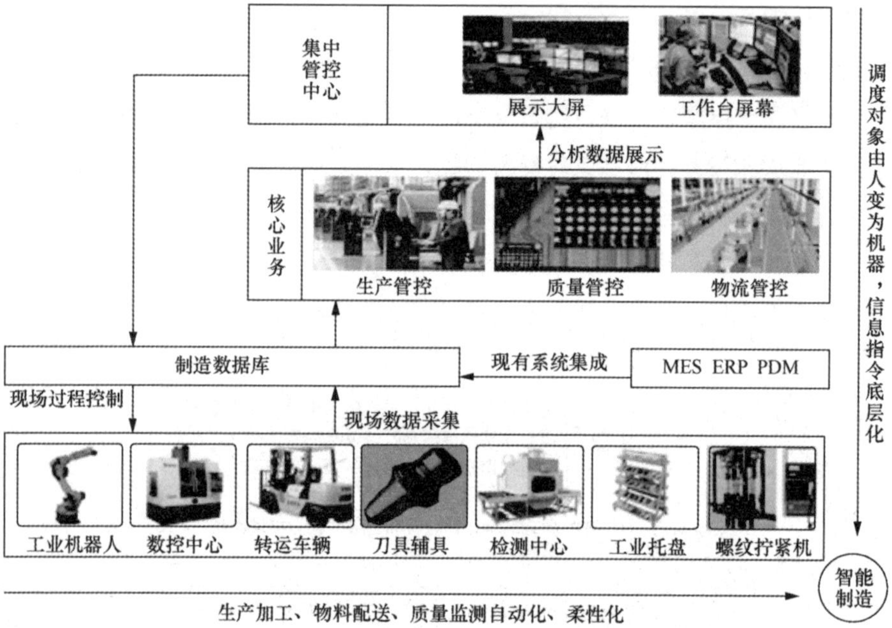

注：PDM（Product Data Management，产品数据管理）。

图6-8　数字化工厂的工作范围

制造资源的数字化

- 设备的运行状态和运行参数
- 装运车辆的定位、跟踪、调度
- 关键岗位人员的定位、呼叫
- 资源的能力、效率跟踪分析

生产过程的数字化

- 半成品跟踪（工位/工序/部件）
- 各配件的安装匹配查验
- 生产报工与节拍价值分析
- 各型号/各订单的完工情况
- 各工位/配件的实作工时

现场运行的数字化

- 系统的信息采集与发布
- 线边物料的消耗与配送
- 现场视频采集与近景分析
- 现场环境（光/温/湿/尘/气）

质量管控的数字化

- 质量统计分析报表及异常报告
- 质检现场数据、质检设施数据
- 主机及配件流转过程监控
- 质量报表数据、统计分析数据
- 现场质量事故位置与性质分析

物料管控的数字化

- 物流通道及设备监控
- 叉车/AGV/堆垛机的运行情况
- 物流设备的位置
- 配送执行状态的跟踪及监控
- 仓库出入库/库存/缺料跟踪

图6-9　数字化工厂的核心内容

表6-1 数字化工厂的分层

序号	层次	管理功能
1	数字化制造决策与管控层	① 商业智能/制造智能：针对质量管理、生产绩效、产品总谱等方面提供业务分析报告。 ② 无缝缩放和信息钻取：通过可定制、可缩放的矢量图形技术，使用者可根据需要创建特定的数据看板、图形显示和报表，快速钻取所需要的信息。 ③ 实时制造信息展示：无论在车间、办公室或是会议室，用户可以通过掌上电脑、大屏幕显示器等，随时获得实时信息
2	数字化制造执行层	① 先进排程与任务分派：通过先进排程合理分派工作任务，提高制造资源的利用率和人均产能，有效降低生产成本。 ② 质量控制：采集、检测质量信息，及时发现并处理质量问题，杜绝质量缺陷产品流入下道工序所带来的风险。 ③ 准时化物料配送：通过生产计划提前预估物料数量，确保在正确的时间将正确的物料送达正确的地点，在降低库存的同时解决物料短缺的问题。 ④ 及时响应现场异常：实时掌控生产状态，快速处理车间在制造过程中出现的延期交货、物料短缺、设备故障、人员缺勤等问题
3	数字化制造装备层（工位层）	① 实时硬件装备集成：集成数控设备、工业机器人和现场检测设备，实时获取制造装备的状态、生产进度以及产品参数等，并将其传递给执行层与管控层，实现车间制造的透明化，为敏捷决策提供依据。 ② 多源异构数据采集：采用先进的数据采集技术，收集车间设备的相关数据，同时确保系统中生产活动信息传递的同步化和有效性。 ③ 生产指令传递与反馈：支持向现场工业计算机、智能终端及制造设备下发控制指令，正确、及时地传递设计及工艺示意

5. 数字化工厂带来的收益

企业构建数字化工厂带来的收益如图 6-10 所示。

企业构建数字化工厂带来的收益具体表现为以下几个方面。

① 制造现场：制造过程逐步透明化，敏捷响应制造过程中的各类异常，保证生产有序进行。

② 生产计划：合理安排生产进度，减少瓶颈问题，提高整体的生产效率。

③ 生产物流：提高物流配送的精准率，解决停工待料的问题。

④ 生产质量：更准确地预测质量趋势，更加有效地控制质量缺陷。

⑤ 制造决策：决策依据更翔实，决策过程更直观、决策结果更合理。

⑥ 协同管理：解决各环节信息不对称的问题，降低沟通成本，支撑协同制造。

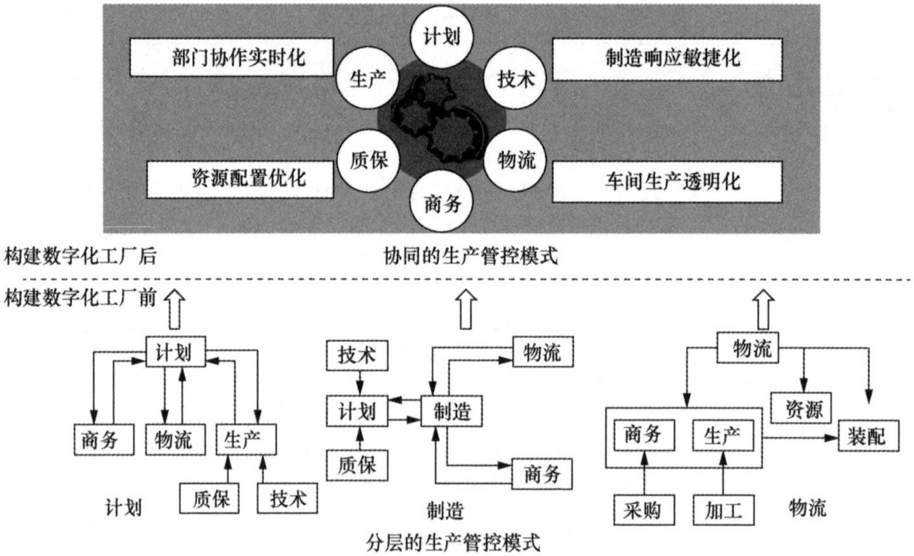

图6-10　企业构建数字化工厂带来的收益

6.5.2　数字化工厂的关键技术

数字化工厂的关键技术如图 6-11 所示。

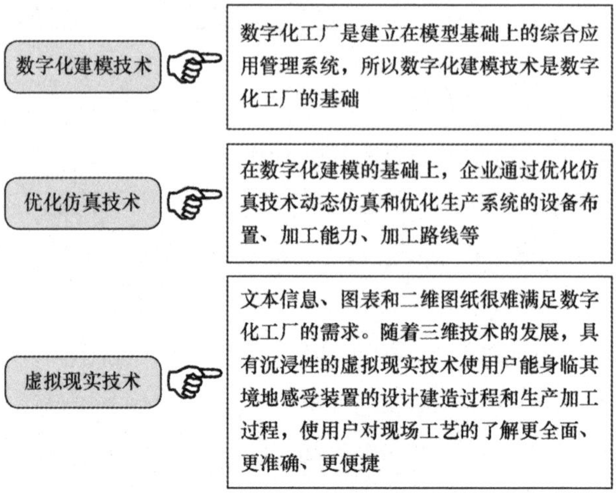

图6-11　数字化工厂的关键技术

6.5.3 建设数字化工厂的思路与策略

1. 建设数字化工厂的思路

企业建设数字化工厂以三条实线为主、一条虚线为辅来开展。

首先，数字化工厂要具备以机床、热处理设备、机器人、测量测试设备等组成的自动化设备，以实现生产过程的精确化执行。这是数字化工厂的物理基础。

其次，数字化工厂要设计以 MES 为中心的智能化管控系统，以精细化管控计划调度、生产物流、工艺执行、过程质量、设备管理等生产过程的各环节。

再次，数字化工厂以互联互通的设备物联网为桥梁，连接起信息化系统与机床等物理空间的自动化设备，构建车间级、工厂级的人—信息—物理系统，实现两个世界的相互作用、深度融合。

最后，精益生产作为数字化工厂建设的一条“虚线”，精益思想要贯穿企业建设数字化工厂的全流程。

2. 企业建设数字化工厂的策略

企业建设数字化工厂是一项复杂的系统工程，需要遵循以下策略。

（1）统筹规划，服务战略

企业的真正目的是通过数字化工厂实现降本提质增效，提升企业的竞争力。数字化工厂的建设不仅是一系列新技术或新系统的应用，还涉及生产自动化系统、信息化系统等，因此，企业在建设数字化工厂时要考虑计划调度、生产工艺、物料配送、精益生产、安全环保等各种因素，这是一项影响车间各个层面，甚至是可以影响企业层面的综合性工程，企业一定要树立全局的概念与系统的思维；还要结合自身的实际情况，基于企业战略设计智能制造。

（2）聚焦痛点，扎实推进

企业基于降本提质增效、快速响应市场的目的，从工厂存在的实际痛点出发，打造一个能解决实际问题的数字化工厂管控系统，优化工艺、设备、管理以及信息化、网络化、智能化等方面，最大限度地提升企业的生产效率及管理水平。

① 聚焦痛点：企业要明确待解决的问题，例如生产效率不高、产品质量不稳定、生产过程不透明等问题，并以问题为导向，制订相应的解决方案。

② 分步实施，扎实推进。企业建设数字化工厂时会将其分成多个阶段，不同阶段的实施顺序取决于存在的问题、生产特点、企业基础及资金投入等多种因素，切忌贪大贪全，可从基础、简单的地方着手。

（3）以人为本，管理取胜

企业在建设数字化工厂时，要以人为本，以发挥人的价值为基本出发点，另外还要明确数字化工厂的主体与应用对象，企业以精益生产为指导思想，以使用者为中心，在优化流程、工艺等的基础上，以降本提质增效为目标，以管理优化为突破口，通过数字化工厂的建设实现精益化、智能化、高效化的生产模式，为企业智能化转型升级奠定坚实的基础。

6.5.4 数字化制造工厂的功能

1. 数字化管理（计划、调度、工艺准备）

数字化管理是指企业在传统的理论上，充分利用计算机、通信、人工智能等技术量化管理对象与管理行为，实现计划、组织、协调、服务、创新等一系列管理职能。其中网络化是数字化管理的最鲜明特征。企业在车间应用数字化管理方面有两大任务：首先是将车间整个生产活动的所有信息纳入车间信息网中；其次是提供必要的应用软件工具及时准确地提取、处理信息。

数字化管理包含两层含义：第一，车间管理活动是在计算机网络和通信技术的应用基础上实现的，即车间的知识资源、信息资源和制造资源可以数字化；第二，运用量化管理技术解决车间的管理问题，即管理的可计算性。

在产品的制造方面，企业的数字化管理通过车间计划管理、车间作业管理、车间质量管理、车间基础数据管理、现场数据采集等模块，使生产流程、业务流程成为高效的流水线，提高生产效率。信息技术与产品设计、制造的结合为数字化管理提供支持，如虚拟产品开发等数字化产品的开发技术与 CAM（Computer Aided Manufacturing，计算机辅助制造）、CAPP（Computer Aided Process Planning，计算机辅助工艺规划）、PDM 等结合构筑起车间数字化制造、数字化管理的实施平台，这些成为提高车间生产进度、降低产品生产周期、大幅度提高生产率和产品质量的重要手段。车间生产管理模块如图 6-12 所示。

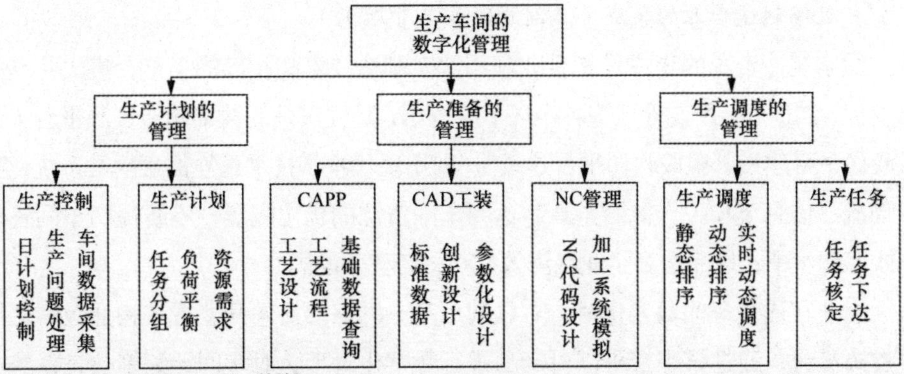

注：NC（Numerical Control，数控）。

图6-12　车间生产管理模块

2. 底层设备的网络化（DNC 系统、软硬件集成平台）

计算机网络及各种工业控制网络、现场总线、串行通信等为数字化设备信息的传递、制造资源的共享、制造系统的优化提供了可能，为异地远程网络的制造和车间的综合自动化奠定了基础。

数字制造系统的单元功能、配置结构和整体性能及数字设备的网络化结构（如图 6-13 所示）等将充分利用信息技术与网络资源，为适应动态多变的市场环境提供有效手段。

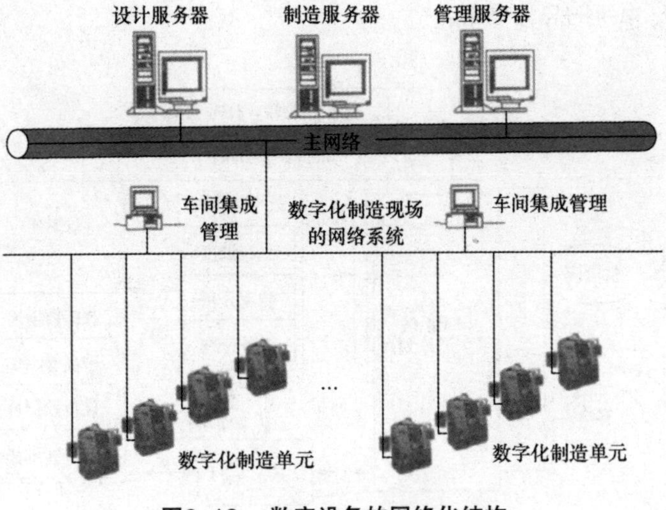

图6-13　数字设备的网络化结构

3. 数字制造资源的集成（车间资源信息管理）

数字制造资源的集成是指企业利用数字制造技术和相应的工具，集成共享车间设计、制造、装配、管理等各个环节的资源，建立车间的数字制造资源平台（集成硬件平台建设、集成软件平台建设），利用现代科学技术建立信息网络系统，实现物流、信息流和工作流的整合，达到车间资源的优化配置，不断提高车间管理的效率和水平，进而提高企业经济效益和核心竞争能力。

企业在建设车间数字化时，可以利用基于网络的协同开发系统构建数字化制造资源平台，通过该平台可以对产品进行数字化管理、对车间计划等信息系统进行集成。基于网络的协同开发系统为车间提供了一个可异地设计与制造并共享资源的支撑平台，即提供了一个车间数字制造资源模型的可行性环境。

6.5.5 数字化工厂的设计

数字化工厂要实现的目标是在一个数字化环境中建立数字化工厂，该工厂能辅助设计人员快速可视化地规划车间布局、生产流程等，得到相关模型后可以进行生产调度仿真、试验各种调度方案、验证布局的优劣，使车间在投入使用前得到充分的论证。工厂投产后，数字化工厂可以和企业的 ERP 系统、数据库等结合，辅助管理人员管理生产，帮助销售人员进行演示、促进销售等。如图 6-14 所示为数字化工厂系统的总体框架。

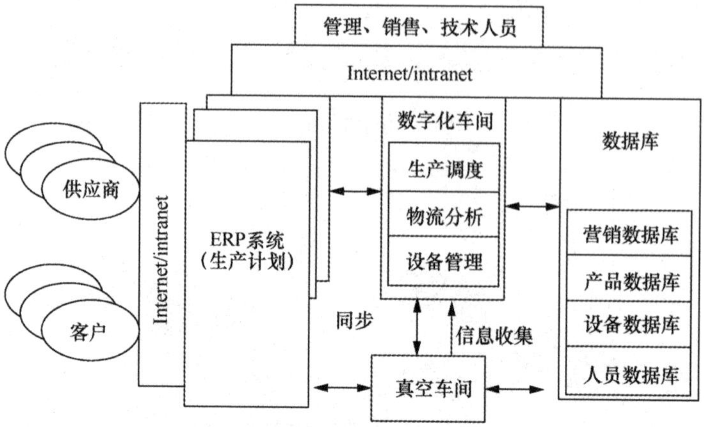

图6-14　数字化工厂系统的总体框架

设计人员首先规划车间内各种设备、各种单位的布局，根据产品、产量等信息，设计生产工艺方案，确定生产排程。

数字化工厂提供各类设备的模型，设计人员以3D可视化方式选择设备，并进行布局规划。数字化工厂建立后，设计人员可验证布局是否能提供安全的生产环境、车间内物流是否通畅、生产技术和应急方案是否可行等。根据仿真的结果，设计人员通过专家系统和优化方法的辅助，修改设计、优选方案，最后选出的方案可用于指导工厂的建设施工。

在工厂正式投入使用前，数字化工厂可预演设备的运行和安装、生产线的组装整合、各种辅助设备或区间的摆设等。这些可以保证工厂实施建设时能顺利进行、减少或避免施工的失误，加速车间建设。

工厂投产后，数字化工厂、ERP系统和真正的车间互相连接，辅助车间的管理运营。管理人员根据ERP系统和数据库的信息管理生产，调整生产计划、调度物流设备等；在制定决策、发送给实体工厂执行前，管理人员可先在数字化工厂上预演。数字化工厂和实体工厂可以同步使用，使管理人员以可视化的方式监视生产运作，处理突发事件，或者直接作为监控实体工厂的界面，控制设备、下达命令。

1. 数字化工厂的分层

在数字化工厂的设计和规划阶段中，不同职能的人员所关心的层次有所不同，所以，企业可将数字化工厂的模拟仿真力度进行层次划分，使不同人员在不同阶段得到不同的仿真模拟力度。经过分析，企业可把数字化工厂的软件分为数字化车间层、数字化生产线层、数字化加工单元层和数字化操作层。

（1）数字化车间层

数字化车间层的工作主要有布局车间的设备及对管网布局进行分析，核准设备的占地面积和空间，为车间设计人员提供辅助的分析工具。

（2）数字化生产线层

这一层的重点是验证生产线能否达到设计的物流时效和生产率，制造的成本是否满足要求，帮助工业工程师分析生产线布局的合理性、物流瓶颈和设备的使用效率等问题，同时也可分析制造的成本。

（3）数字化加工单元层

这一层主要解决设备之间和设备内部的运动干涉问题，并可协助设备工艺规划员生成设备加工指令，再现真实的制造过程。

（4）数字化操作层

这一层的重点是详细地分析具体的数字化加工单元层、加工过程、人机工程等方面。

2. 数字化工厂的软件构架

数字化工厂的软件构架分为3层：界面层、功能层和数据层，具体如图6-15所示。

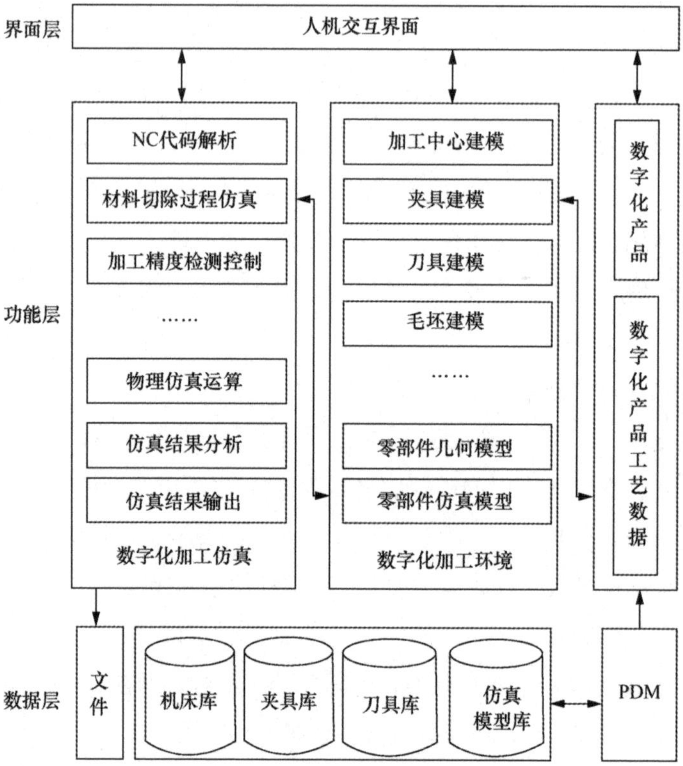

图6-15 数字化工厂的软件构架

（1）界面层

界面层是用户和系统交互的接口，用户可以根据设计的数字化产品及加工工艺查询各类模型库，建立所需要的几何模型、仿真模型、数字化加工设备及数字化加工环境，还可以获取仿真分析结果。

（2）功能层

功能层是应用工具的集合层，如图 6-15 所示，功能层从右至左的功能为：获取数字化制造中产品设计模块的设计信息（产品模型及工艺），这是数字化工厂建立的依据；根据设计出的产品模型和工艺建立所需要的零部件、仿真模型、加工设备模型以及加工环境模型，该层的工具可支持模型的重用及重构；在建立的数字化工厂的基础上进行仿真分析。

（3）数据层

数据层具有记录产品数据、构成数字化工厂的各种模型数据以及加工仿真分析过程数据等的功能。

6.6 工业软件的应用

智慧工厂的建设离不开工业软件。工业软件包括基础软件和应用软件两大类，其中系统、中间件、嵌入式软件属于基础技术的范围，并不与特定的工业管理流程和工艺流程紧密相关。以下提到的工业软件主要指应用软件，包括运营管理类、生产管理类和研发设计类等。目前大型企业广泛应用 MES、APS、PLM、ERP、质量管理等工业软件，以实现生产现场的可视化和透明化。

在新建工厂时，企业可以通过数字化工厂的仿真软件，进行设备和产线的布局、工厂物流、人机工程等仿真，确保工厂结构合理。在推进数字化转型的过程中，企业必须确保工厂的数据安全以及设备和自动化系统的安全。以下主要介绍 MES、APS、PLM 3 种工业软件。

6.6.1 MES

1. MES 的概念

MES 是一套面向企业车间的生产信息化管理系统，采用先进的 C/S（Client/Server，客户端 / 服务器）架构，具有快速部署、快速见效、自动化程度高的特点。

它可通过多种数据终端实时调度制造现场的设备、人员等，用户可实时查看和指挥工作、减少过程错误、提高工作效率、持续改进制造过程的不足，达到实现精益制造和追溯管理的目标。MES 的工作示意如图 6–16 所示。

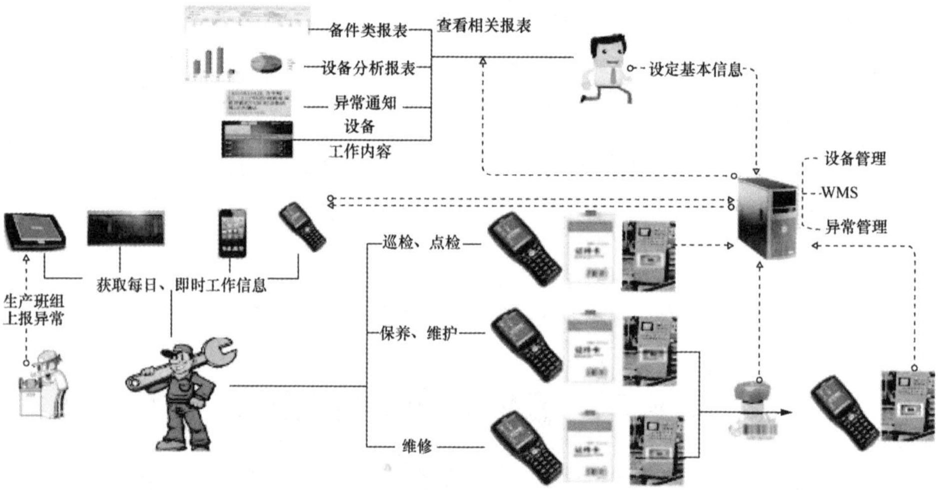

图6–16 MES的工作示意

2. MES 的作用及功能

MES 为制造执行层提供了一个实时传递信息的工具。在 MES 中，各个岗位的人员从系统中获取需要的信息，在这些信息的基础上完成各自的职能，然后再分别将整合结果回传给系统，信息的传递方式由各个部门和岗位之间的网状方式，转变为各个岗位与系统的单线方式。这种信息传递保证了每个岗位的人员都能从系统中获取最新的信息。

MES 使执行层的数据更具实时性和准确性，为各管理部门提供了计划、控制、执行、反馈、调度等管理工具，以提高各部门的工作效率。

MES 是制造过程信息集成的纽带。MES 强调制造过程的整体优化以帮助企业实施完整的闭环生产。MES 在企业生产整体优化中起到两方面的作用：一是把业务计划的指令传达到生产现场；二是收集生产过程中大量的实时数据并处理和上传生产现场的信息。

6.6.2 APS

APS是一种基于供应链管理和约束理论的先进计划与排程工具，包含了大量的数学建模、优化及模拟技术。在计划与排程的过程中，APS系统充分考虑企业内外的资源与能力约束，用复杂的智能化运算法则做常驻内存的计算，从成千上万甚至百万个可行方案中选出一套最优方案来指导企业的生产、采购、库存等，帮助企业高效利用生产中的资源。

APS拥有“决策支援”的能力，可以随异常状况，如缺料、停机、插单、数量调整、工期调整、加班设定等而调整。

1. APS的运行原理

APS的运行原理如图6-17所示。

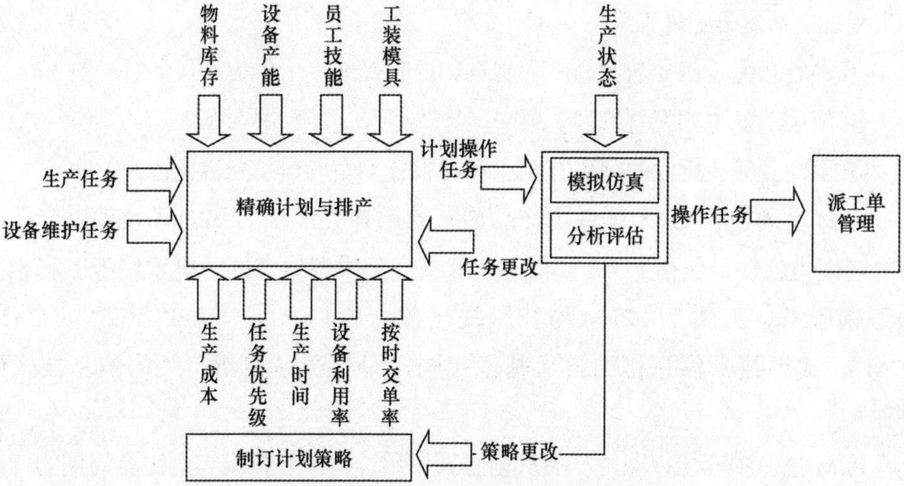

图6-17 APS的运行原理

2. APS的主要功能模块

传统ERP集成的APS的主要功能模块包括以下几点。

① 动态的CTP（Coordinated Test Program，协同试验计划）模块：当有新的客户订单下达时，该功能模块能快速应答。

② 高级计划模块：这是 APS 的核心模块，是面向整个企业资源的计划模块。

③ 高级排程模块：这是面向生产部门的计划细化安排模块。

④ 模拟分析模块：该模块能够通过设定多种情景，如改变产能、改变生产计划、改变订单优先级、改变排产逻辑等来模拟生产。

6.6.3 PLM

产品生命周期管理（Product Lifecycle Management，PLM）是一种应用于产品研发领域具有协作关系的企业之间，支持产品全生命周期的信息的创建、管理、分发和应用的一系列应用解决方案，它能够集成与产品相关的人力资源、流程、应用系统和信息。PLM 包含以下方面的内容：

① 基础技术和标准（例如 XML、可视化、协同和企业应用集成）；

② 信息创建和分析的工具（如机械制图工具、电气制图工具、计算机辅助软件工程、信息发布工具等）；

③ 核心功能（例如数据仓库、文档和内容管理、工作流和任务管理等）；

④ 应用功能（如配置管理）；

⑤ 面向业务 / 行业的解决方案和咨询服务（如汽车和高科技行业）。

PLM 主要包含 CAX 软件（产品创新的工具类软件）、cPDM 软件（产品创新的管理类软件，包括 PDM 和在网上共享产品模型信息的协同软件等）和相关的咨询服务。实质上，PLM 与我国提出的 C4P（CAD、CAPP、CAM、CAE、PDM），或者技术信息化的含义基本相同，即与产品创新有关的信息技术的总称。

PLM 是一种理念，即对产品从创建到使用，到最终报废等全生命周期的产品数据信息进行管理的理念。在 PLM 理念产生之前，PDM 主要针对产品研发过程的数据和过程的管理。而在 PLM 理念之下，PDM 的概念得到延伸，成为 cPDM（Collaborative Product Definition Management，协同产品定义管理），即基于协同的 PDM，可以实现企业各相关部门的协同。

软件厂商推出的 PLM 软件是 PLM 第 3 个层次的概念。这些软件部分覆盖了 cPDM 应包含的功能，即不仅针对研发过程中的产品数据进行管理，同时也包括产品数据在生产、营销、采购、服务、维修等部门的应用。

因此，PLM 有 3 个层面的概念，即 PLM 领域、PLM 理念和 PLM 软件产品。而 PLM 软件的功能是 PDM 软件的扩展和延伸，PLM 软件的核心是 PDM 软件。

6.7 智慧工厂的可视化

为了减少工作流程中的冗余环节、减少设备的故障、规范技术的操作标准、提高企业处置生产时产生突发事件的应急指挥能力，最大限度地减少员工数量，提升员工的工作效率，提升企业的产品质量，众多的制造型企业纷纷采取一系列的信息化措施，“智慧工厂”“智慧生产”“智能制造”等建设相继展开。借助视频监控系统提升企业的生产管理水平是智慧生产的重要组成部分，是实现智慧工厂生产管控可视化工作的重要手段之一。

根据制造业企业的实际需求，本着因地制宜、科学合理、注重实效、严格要求及保密的原则，着眼于实际并考虑未来的业务接入，智慧工厂的可视化工作从可视化园区综合管理、生产过程的辅助管理、智能可视化的物流管理、智能可视化的仓储管理、智能可视化的物料管理入手，不仅帮助企业提高生产效率、提升产品质量，还帮助企业实现工厂的全面透明化管控，深入实施智慧工厂的数字化工程。最重要的一点是管理层明确了解企业业务进展的详细情况，将管理做到“看得见，管得着”。

6.7.1 智慧工厂可视化的必要性

1. 工厂存在的问题

随着企业信息技术的运用不断深入，ERP、MES 等系统被运用在企业的各管理工作中，但这些系统并未给管理者带来直观的体验和方便的管理方式；同时企业应用的安全防范系统涵盖的子系统越来越多，企业对不同系统间的数据融合要求越来越高，尤其是不同业务部门间的信息共享与利用。这些企业系统大部分在功能上各自分工，系统资源具备单一属性，在资源共享、业务整合上存在以下问题：

① 系统的硬件资源分散、没有整合利用同类功能；

② 无法无缝接入监控设备，实现视频资源的调用与共享；

③ 多层网络结构的传统控制网络，存在多种通信协议及联网设备，无法相互联通，不利于系统间的信息传递；

④ 系统联动多数局限于硬件联动，增加了实施与维护的复杂度；

⑤ 软件结构采用封闭模型，不利于系统的扩展与升级；

⑥ 缺乏更多的标准接口，影响业务的整合；

⑦ 无法统一监测设备，增加了系统运维成本及安全隐患；

⑧ 没有统一的数据库，无法在内部实现信息共享，也无法统一管理与维护系统数据；

⑨ 系统产品繁杂导致后续的维护升级困难；

⑩ 无法配置全局预案，实现统一平台下的业务优化；

⑪ 各系统一般情况下均需要安装配置软件及操作软件，造成机房软硬件的冗余；

⑫ 系统管理员需熟悉多种不同风格、不同控制逻辑的管理客户端，容易造成业务不精或工作疏漏；

⑬ 无法远程查看整个系统的运行数据，大部分的系统数据局限于管理机房，不利于上层的管理；

⑭ 企业管理不直观、不方便，人工化、分散化的安全管理降低了员工的工作效率，日渐形成的“信息孤岛”问题日益明显，严重地阻碍了企业信息化建设的整体进程，使企业在日常管理中难于决断，而解决“信息孤岛”问题的关键不仅仅在于软硬件的技术改造，更重要的是结合企业管理需求整合优化管理流程。

从业务上分析，以上问题使企业无法优化安防管理流程，也不利于改进表 6-2 所示的各项管理。

表6-2 企业安防管理的不利处

序号	不利处	说明
1	不利于实现高效的生产管理	① 传统的管理方式，管理者无法快速及时了解各生产线、各仓储、物流的实时情况，从而无法做出快速有效的判断和指挥； ② ERP、MES等系统无法监管员工的标准化作业；传统的质量追溯系统只能查到时间、班组、供应商供货批次，但是无法查到各环节流转关键点的实际情形，只能是粗略追溯
2	不利于防止不正当的行为	① 访客、门禁、通道闸、梯控设备及视频监控等设备没有统一配置管理，出入记录不完善，存在人员进出的管理漏洞，无法把控人员进入厂区后的情况； ② 各安防子系统的权限配置不统一，与其他业务系统对接后，无法将人员数据及时同步至所有权限系统，可能导致离职人员/临时授权人员的权限卡未及时注销、消费系统账户数据更新不及时的重复消费、车辆出入权限等安全隐患
3	不利于机密信息的管理	① 门禁无法关联电梯层控、人员通道闸机、人脸识别系统，在机密等级较高且分区管理的情况下无法更好地优化权限路径，存在不法人员进出相关区域的安全管理漏洞； ② 厂区活动区域大，固定安装的安防设备无法全面巡视厂区，需结合安保人员实时在线巡查，发现违法违章事件及时进行视音频记录
4	不利于减少无效工时	① 涉及权限的子系统需要多次授权，导致IC卡权限设置周期长； ② 无法根据企业受访人员的属性提供访客卡厂内的通行权限，增加受访人每次接待访客的无效工时； ③ 员工数据、访客数据、通道权限数据等无法进行统一管理；访客预约管理流程采用人工登记辅助的方式，导致排队时间长； ④ 厂内巡查人员未能通过车牌采集等手段从后台的统一数据库中采集物流车的相关信息并对可疑车辆、人员进行信息核对与询查，工作人员往往需要通过对讲机呼叫相关部门或向管理中心人员核对信息，效率不高

鉴于以上分析，现行的企业综合安防管理迫切需要一套综合安防方案，基于统一的管理平台，整合各系统的资源，优化业务管理，辅助提升整体效率。

2. 发展趋势

随着企业信息化进程的演进，以及物联网等系统产品与技术的逐渐成熟，企业安全防范管理逐渐由传统粗放型向现代集约型转变，安防管理逐步成为管理部门决策分析、生产调度指挥的主要工作之一，主要体现在以下几点：

① 安防管理逐渐切合企业生产业务管理需要；

② 安防系统从单一的系统建设逐步转移至行业综合的安防系统建设；

③ 安防系统基于先进的技术支撑，实现了订制化服务；

④ 大型企业，从独立的安防管理转移到提供基础视频数据、辅助业务系统整合的安防管理；

⑤ 基于众多子系统，安防系统通过完善的信息采集、统计和分析，有效测量与监控现场管理过程，并及时纠偏，确保过程信息有效应用于管理决策，实现现场管理过程的稳定、高效运行；

⑥ 大型企业的独立安防管理工作的重点逐步向提高管理品质、提高生产质量、实现综合调度、远程指挥等综合性工作方向发展；

⑦ 大型企业，从单一厂区、地区内部管控逐步转变成总部与各分支结构的互联互通。

6.7.2 智慧工厂可视化的总体目标

1. 提高快速反应能力

大多数企业的组织结构是建立在“金字塔”型的组织结构上，横向沟通困难，其结果是，企业对变化过程反应迟缓，难以适应日益复杂、变化多端的市场环境。而在信息技术的支持下，综合安防管理可帮助企业优化传统的安防管理方式，减少中间环节和中间管理人员，从而建立精良、敏捷、具有创新精神的“扁平”型组织结构。这种组织形式的信息传达畅通、及时，信息反馈更加迅速，有助于企业提升应对安全隐患及生产现场问题的快速反应能力，从而更好地适应竞争日益激烈的市场环境。智慧工厂可视化方案在综合安防管理方面应满足表 6-3 所示的功能。

表6-3 综合安防管理的可视化功能

序号	功能	说明
1	网络高清视频联网	企业通过视频监控联网，可按权限为各级管理人员分配各环节的现场图像信息，避免现场状况信息的延迟汇报，出差在外的管理人员甚至可通过移动网络了解现场的实际情况以参与应急决策
2	报警联动策略	系统可通过视频分析、人脸识别、黑名单识别等技术进行实时侦测，当出现非法入侵等异常行为时，推送报警信息、现场图片等至管理人员的手机以便其及时响应

续表

序号	功能	说明
3	视频条码叠加	条码扫描与现场视频画面叠加存储，事后工作人员可根据条码、货品信息等快速追溯，提高生产管理、售后服务等部门人员对后期问题进行分析与追查的工作效率
4	报警预案	设置多种报警预案以提高警情发生时的处理速度
5	联动策略	门禁、车辆出入口设备等与消防系统联动，消防报警时能自动打开消防通道
6	移动单兵在线巡查	当发生异常情况时，该功能可将现场状况以音视频的方式及时记录，并通过移动网络将其传输至中心进行预览，管理人员可及时进行工作调度

2. 提高管理水平

推进企业信息化是促进企业管理创新和各项工作升级的重要突破口。综合安防管理在促进企业信息化进程中的作用不只是改变系统本身，更为重要的是与管理有机地结合，把先进的管理理念、管理制度和方法引入管理流程中，进行管理创新，以此实行科学管理，提高企业的整体管理水平。智慧工厂可视化方案在优化人车物管理流程方面应满足表 6-4 所示的功能。

表6-4 优化人车物管理流程的可视化功能

序号	功能	说明
1	车牌识别	减少车辆进出的验证时间，免刷卡、无停留，方便快捷
2	二维码识别实现物资放行管理	实现物资放行的电子流程，放行过程中，该功能会联动视频抓拍与物资信息视频的叠加，改善传统方式带来的物资非法进出风险，并有效监督工作人员
3	优化访客预约管理流程	结合一卡通与综合管理平台优化访客从预约、申请至授权进出的整个流程，减少员工接待的无效工时，提升企业的对外形象

3. 提升设备管理的综合效率

智慧工厂的核心是实现企业资产的智能化，而资产密集型企业的核心资产是设备（装置），可视化动态设备管理应用在智慧工厂平台的基础上运用三维仿真和虚拟现实技术构建三维模型模拟现实场景，再有机结合企业资产的三维模型以及信息属性（行业数据、音频、视频等流媒体）。智慧工厂采用基于网络的信息处理技术，实现资产运行监视、操作与控制、综合信息分析与智能告警、运行管理和辅助应用（维护、安防和环境监测）等功能，提高了企业资产的运营能力。

可视化动态设备管理平台基于可扩展三维语言与组件技术，将不同软件厂商的三维动画、三维制画工具、三维工厂、三维仿真模型进行转化，聚合形成统一的可视化实景仿真模型。三维可视化的实景仿真模型通过持续更新的三维数据与扩展不同类型的数据信息，这些数据信息包括工程数据、资产数据、工艺自动化数据、监控监测数据、信息系统数据，可在实景仿真的空间里统一展示地理、地质、建筑设施、设备资产、自动化、监控、监测及其他扩展信息，以帮助企业实现更高级的运行控制与协同管理。

（1）可视化企业的资产布局全景

可视化动态设备管理平台对智慧工厂的地形地貌、建筑、车间结构、设施设备等几何建模，直观、真实、精确地展示各种设施、设备的形状及生产工艺的组织关系以及设施、设备的分布和拓扑情况，使用户在电脑上就可以浏览整个现场，同时系统将装置模型与实时、档案等基础数据绑定，实现设备在三维场景中的快速定位与基础信息查询。

（2）可视化的安装管理

可视化动态设备管理平台可以对在建工程、设备安装等进行三维建模，并结合三维场景与计划、实际进度时间，用不同颜色表现每一阶段的过程。

（3）可视化设备台账的管理

可视化动态设备管理平台应建立设备台账及资产数据库，并和三维设备绑定，实现设备台账的可视化及模型和属性数据的互查、双向检索定位，从而实现三维可视化的资产管理，使用户能够快速找到相应的设备，以及查看设备对应的现场位置、所处环境、关联设备、设备参数等真实情况。

（4）可视化巡检管理

可视化动态设备管理平台宜采用 GPRS+PDA+RFID 技术方案，远程控制、实时同步巡检任务，从而实现巡检过程的可视化、简捷化、规范化、智能化管理，使用户及时发现设施缺陷和各种安全隐患；按照巡检工作的程序，动态地收集和管理相应的数据，强化巡检计划的监控力度，提升巡检工作的管理水平。监控人员通过实时监控功能，可以掌握巡检员的状态，并可以对任意一个在线巡检员进行查看（查看巡检员的实时位置和巡检信息），还可以查看任意一天或一段时间任一巡线员的历史轨迹，甚至动态回放历史轨迹。

（5）可视化智能维护管理

可视化动态设备管理平台可以管理企业重点设备的在线信息采集、报警、控制等，如图 6-18 所示。

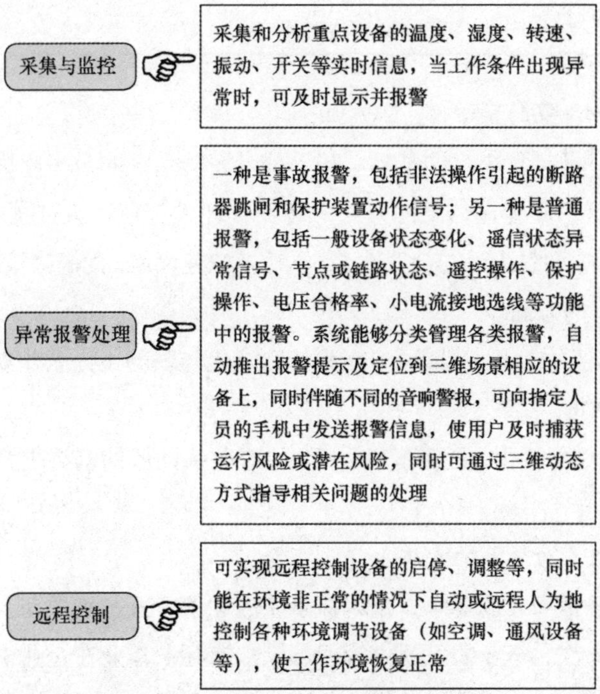

图6-18　可视化智能维护管理的重点

4. 有效地降低企业成本

企业的成本来自生产经营和管理的各个环节，智慧工厂可视化方案实施建设后，企业通过综合管理平台的建设，可降低运营管理成本。智慧工厂可视化方案在辅助业务管理方面应满足表 6-5 所示的功能。

表6-5　辅助业务管理的可视化功能

序号	功能	说明
1	视频远程联网	通过视频远程联网功能可查看员工的工作状态与现场生产的经营状况
2	区域人数统计辅助	通过区域门禁记录、视频人流量统计等技术手段，可分析相关区域的人员活动状态及趋势，并辅助企业形成节能策略
3	车载监控、GIS定位辅助物流管理	通过在物流车上安装车载监控系统，可实时了解物流运输的情况，按需进行音视频的远程调度，这样可降低成本、提高效率等
4	仓库管理	实时采集与联动仓储环境变量，提防环境变化对原材料、半成品、成品质量的影响

5. 提高企业决策的科学性、正确性

完备的信息是经营决策的基础。基于综合安防系统的众多应用可改变企业获取信息、收集信息和传递信息的方式，减少管理人员在决策过程中的不确定性、随意性和主观性，增强决策的合理性、科学性及快速反应，提高决策的效益和效率，具体表现为以下两方面。

① 生产过程可视化：高清网络视频的智能化与联网化为企业观察与回溯生产工序提供可靠依据。

② 物流过程可视化：可在车载视频、GIS 路线回放的基础上为研究物流策略提供数据基础。

6. 提升企业人力资源的素质

企业的竞争是人才的竞争，是人员素质的竞争，人员素质在企业竞争中占据着极为重要的位置。企业的可视化管理可以加速标准作业在企业中的传播，使企业领导、全体员工的知识水平、信息意识与信息利用能力得到有效提升，企业的可视化管理具体表现为以下两方面。

① 工位监控：利用高清网络视频监控，抽查筛选关键工位操作，结合电子看板播放最佳实践范例，引导员工进行标准操作。

② 流程监督：可视化远程监督与视音频调度，有利于提高员工的工作效率。

6.7.3 智慧工厂可视化应用场景的示例

1. 一卡通人员管理

一卡通人员管理系统是针对企业厂区、办公楼等人员出入频繁、安保问题多样化、管理环节复杂的场所，并结合企业安防管理需求及特点而设计的系统，该系统应满足如图 6-19 所示的效用。

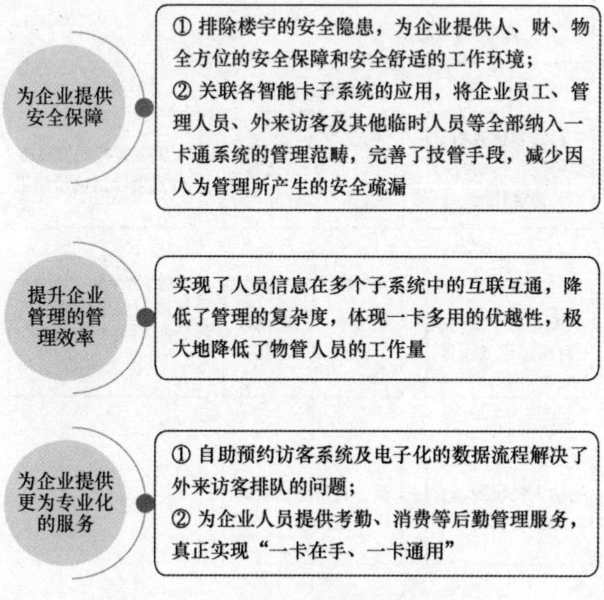

图6-19 一卡通人员管理系统的效用

（1）门禁与考勤管理

门禁与考勤管理的对象是员工 / 供应商，设计人员在设计该系统时应注意以下几点：

① 建议将楼层读卡器设置为考勤点，员工在本工作楼层便可考勤打卡，避免员工在上下班打卡时出现拥挤现象；

② 与人力资源管理系统、供应商管理系统对接，将员工最新的在职状态及时更新到一卡通系统中，自动注销离职人员的工作卡。

（2）食堂消费管理

食堂消费管理的对象是食堂，其管理流程为：员工将餐盘放置在结算台上→结算台自动显示消费金额→员工刷卡完成消费结算。

（3）访客管理。

访客管理的对象是供应商、访客、参观人员，其管理流程（区分不同情况）如图 6-20 所示。

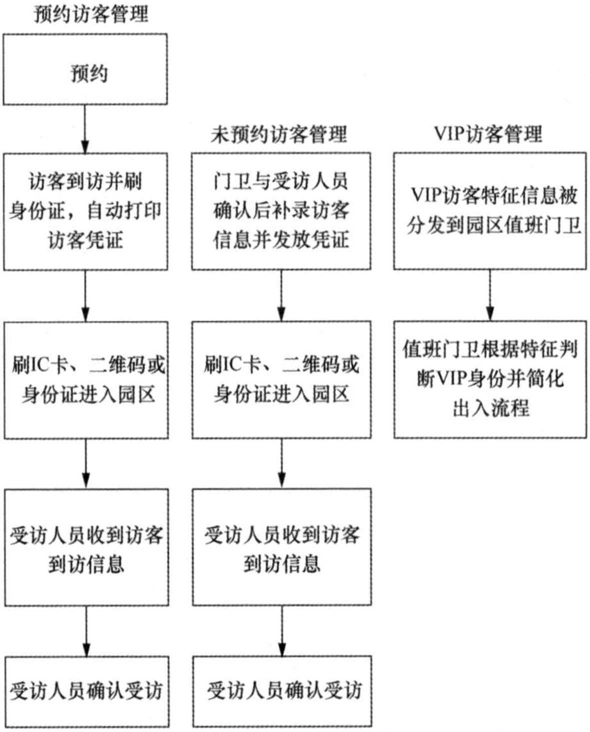

图6-20　访客管理流程

访客管理模块应达到以下功能要求：

① 支持读取身份证信息；

② 可支持访客预约审批结果的短信发送；

③ 经接受预约的访客的车牌号记录在出入口系统的白名单上；

④ 可与人力资源管理系统、供应商系统对接；

⑤ 缩短访客确认与身份认证时间，减少访客登记过程中人多排队的现象；

⑥ 实行临时人员进出严格的登记制度，未经许可不能进入厂区；

⑦ 限制 / 监控访客在厂区内部区域的进出权限。

2. 车辆管理

（1）基于车牌识别的员工车辆管理

这一模块的管理对象是员工的车辆，其管理流程为：登记车牌号→车牌识别→联动摄像机抓拍→白名单比对放行→系统日志。该管理模块应达到以下功能要求：

① 使用车牌识别技术来识别员工车辆无须再使用通行证，减少证件制作与员工车辆通行时间；

② 采集员工车辆的车牌号等信息，完成对员工车辆进出的信息化管理。

车牌识别技术的应用实现车位诱导与反向寻车、车辆出入管理、自动计费、存储数据等功能。该模块提高了停车场的信息化、智能化管理水平，给车主提供一种更加安全、舒适、方便、快捷和开放的环境，实现停车场运行的高效化、节能化、环保化，降低人员管理成本，节省停车时间，提升停车场智能化体验。

（2）访客车辆管理

该模块的管理对象为访客车辆，管理流程为：网络预约 / 接待室访客自助系统预约→受访者接受预约→访客打印临时卡→访客车牌识别、随车人员临时卡验证 →确认放行→系统日志。该管理模块应达到以下功能要求：

① 避免部分随车人员未按要求登记，非法进入；

② 使用车牌识别技术现场识别车辆不再使用访客通行证，可减少访客出入证件的制作时间；

③ 采集访客车牌号等信息，完成对访客车辆进出的信息化管理；

④ 要求所有人员必须持证进厂，访客车辆可预先登记好车牌号，减少进厂登记的时间；

⑤ 必须登记随车访客人员的信息，发放临时出入卡，使用手持式刷卡机实现车内多人的刷卡身份验证。

（3）物流车管理系统

该模块的管理对象为物流车，管理流程为：物流车 / 供应商系统对接 →物流车司机预先登记→车牌识别→白名单比对放行→系统日志。该管理模块应实现以下功能要求：

① 为提升物流效率，需缩短物流运输车辆通行证制作与更新周期，减少物流车辆人员变更速度快对车辆通行认证的影响，减少物流车辆进厂验证时间；

② 厂区活动区域大，需提供有效手段辅助厂内巡查人员对物流运输车辆进行检查；

③ 使用车牌识别技术现场识别车辆，不再使用临时通行证，可减少证件制作与物流运输车辆的通行时间；

④ 采集物流运输车辆的车牌号等信息，完成对物流运输车辆进出的信息化管理。

（4）员工班车管理

该模块的管理对象为员工班车，管理流程为：登记车牌号→车牌识别→联动摄像机抓拍→白名单比对放行→系统日志。该管理模块应实现以下功能要求：

① 避免外部人员乘坐员工班车进入；

② 员工班车加装读卡机进行身份验证。

3. 生产过程可视化管理

（1）可视化远程巡岗

该模块的管理对象为员工，管理流程为：管理者通过监控中心大屏、个人计算机、移动终端实时了解各生产线情况并做出准确应对。该模块应实现以下功能要求：

① 支持及时发现异常事件并及时处理；

② 支持远程快速巡岗，降低巡岗管理成本；

③ 支持可视化精益管理，辅助正确决策；

④ 支持实时指挥、实时效果查看，提高指挥效率。

（2）标准化作业可视化巡查

该模块的管理对象为员工，管理流程为：选择要求规范操作的工位摄像机，单击 SOP（Standard Operating Procedure，标准作业程序）按钮→单画面 / 大屏显示观看细节与现场操作步骤→分析是否符合规范。该模块应实现以下功能要求：

① 提高员工工作积极性；

② 规范员工操作，提升产品质量；

③ 通过工位监控视频预览 / 回放，随机抽查生产线员工操作是否规范

④ 对检查视频作时间标记，对检查结果进行分类，可按结果类型查找视频。

4. 智能可视化仓储管理

（1）可视化快速巡仓

该模块的管理对象为仓库，管理流程为：管理者通过监控中心大屏、个人计算机、移动终端实现实时可视化巡仓，该模块应实现以下功能要求：

① 及时发现仓库异常状况，了解仓位；

② 远程快速巡仓，降低巡仓管理成本；

③ 减少仓库物品堆放不合规造成的损失；

④ 可视化仓库管理，辅助仓库管理决策。

（2）仓库人员权限管理

该模块的管理对象为仓库人员，管理流程为：无权限员工门禁刷卡信息提示；联动附近摄像机视频弹窗显示；抓拍图片记录；可根据员工信息搜索抓拍记录。该模块应实现以下功能要求：

① 无权限员工不能进入仓库；

② 入库人员信息被记录，并与权限人员进行比对；

③ 通过对入库人员进行视频监控，了解仓库人员的状态。

（3）生产环境及仓库环境可视化动态监测

该模块的管理对象为生产环境、仓库环境，管理流程为：各类环境数据测量传感器实时监测→超限报警，环境数据测量与视频实时叠加。该模块应实现以下功能要求：

① 减少因环境问题造成员工身体损伤的情况；

② 减少因环境问题造成设备、物资带来的损坏；

③ 了解环境指标并及时调整，保持良好生产环境；

④ 对生产环境、仓库环境有严格要求的场所，需要实时监测各类环境数据，通过在生产车间等相关场所设置电子看板实时显示环境信息，环境数据超限时可

及时报警提示并进行相关联动，避免环境污染、威胁人身健康与环境安全等事件的发生，并通过生产环境监测辅助产品质量控制；

⑤ 环境数据超限视频弹窗，发送报警信息至相关人员手机或管理客户端等；

⑥ 提供联动输出信号。

5. 智能可视化物流管理

（1）装卸码头监管可视化

该模块的管理对象为物流车、装卸人员、收发货人员，管理流程为：对装、卸货口进行无死角视频监控，视频录像可查。该模块应实现以下功能要求：

① 装货、卸货更可控、可管；

② 监督管理成本降低；

③ 装货、卸货过程损失减少。

（2）物流可视化管理

该模块的管理对象为物流车，管理流程为：物流车安装车载设备→车速、定位、视音频调度、货厢环境监测与权限控制→管理登录远程调度系统→路线规划、排班、远程视音频调度。该模块应实现以下功能要求：

① 为了提高物流效率，保障物品在途运输安全（防损、防盗等），防止货车违法运输等，需要对企业自有车辆 / 长期合作运输车辆实行在途监控与 GIS 定位，以辅助物流运输效率分析、排班与路线规划优化等；

② 企业自有或长期合作物流车，要求安装车载监控系统、车载门禁设备及车厢环境监测设备，提供远程视频监控、GIS 定位及厢货环境保障等；

③ 支持配合单兵车牌识别功能使用，远程联网随时从后台获取物流车信息；

④ 支持企业工厂内道路设置卡口设备（车牌识别、图像抓拍、违章测速等），追踪车辆路径；

⑤ 入口信息显示屏可显示车辆信息；

⑥ 支持通过车牌号从后台调取车辆信息，包括物流类型、司机身份信息等。

6.7.4 可视化平台的总体框架

工厂可视化平台从系统架构上分为设备接入层、数据交互层、基础应用层、业务实现层、业务表现层，具体如图 6-21 所示。

图6-21 可视化平台系统的架构

1. 设备接入层

该平台系统架构的第一层为设备接入层，包含各种监控安防系统设备资源、视频设备、门禁设备、报警主机等系统主机，数据库、磁盘阵列等基础设施，这一层为系统应用提供可靠、有效、稳定的数据来源。

2. 数据交互层

该平台系统架构的第二层为数据交互层，包含由关系数据库、安全数据交互中间件等组成的综合信息资源库，该层对操作系统、数据库、安全加密、多媒体协议进行封装，屏蔽差异，实现上层应用的平台无关性，提高运行效率和系统兼容性。

3. 基础应用层

该平台系统架构的第三层为基础应用层，负责在软件框架上实现各个子系统的应用，如视频监控、入侵报警、一卡通管理、门禁管理、停车场管理等，该层由基础应用和业务综合应用组成。

4. 业务实现层

该平台系统架构的第四层为业务实现层，负责提供在统一的智慧工业应用软件框架之上的各类应用，由基础应用和业务综合应用组成。

（1）基础应用

该层在一个统一的应用软件框架之上提供各类应用，实现监控管理功能，包括实时监控、视频存储管理、视频分发管理、录像查询回放、智能管理、报警配置、系统配置管理、用户权限管理、信息发布通告等。

（2）业务综合应用

该层满足用户实际操作应用需求，丰富平台的综合应用功能，包括门禁管理、停车场管理等；此外还提供了双机冗余热备功能，可以兼容多厂商、多种类、多协议的各种异构硬件，且提供第三方系统接入服务。

5. 业务表现层

该平台可通过 Web Service 接口提供各种服务，将具体的业务提供给最终用户。平台通过该层可以支持 C/S 端、B/S（Browser/Server，浏览器 / 服务器）端、大屏客户端、网管客户端、移动客户端，以最大化地提升用户的体验。

平台应能够满足多部门对视频数据、信息数据的共享需求，可根据各使用部门不同的应用需求，采用自定义的、具有针对性的用户界面，在授权的情况下，使各部门实现视频、一卡通资源及信息数据的共享。

6.7.5 可视化平台的关键技术

1. 集群与故障隔离技术

平台应用的核心模块，如流媒体和存储，支持集群功能，解决单点故障，使失效的服务能够被及时接替；接入第三方设备时，能够隔离因为软件开发包、非标准码流等带来的安全隐患，提高平台的整体稳定性，保障平台数据的安全。

2. 视频保护与加密技术

平台提供视频加密方案，同时保证性能，能够确保码流高效、实时传输而不受加密、解密影响。

3. 数据存储技术

平台共有 4 种数据存储方式：前端设备存储、PC-NVR（Network Video Recorder，网络硬盘录像机，PC-NVR 是一种个人电脑对 NVR 进行管理的软件）服务器存储、嵌入式服务器存储以及 CVR（Continuous Video Recorder，连续录像机）存储，多种存储方式可并存。

第三篇

案　例　篇

第7章

从“制造”到“智造”——肽加工企业在“智慧工业”中的应用实践

7.1 ERP系统在工业实践中的应用

国肽智慧工厂构建的 ERP 信息管理系统，采用模块化设计方式，集先进性、统一性、完整性、开放性、集成性为一体，将生产过程中涉及的会计核算、财务管理、采购管理、生产控制管理、库存管理、分销管理、物流管理以及人力资源管理等模块进行数字化连接，如图 7-1 所示，实现生产组织全过程的信息共享，合理配置和调度资源，保证设备利用率，提高生产能力，有机地将计划、资源、生产串联起来，做到实时化、智能化、集成化更新。

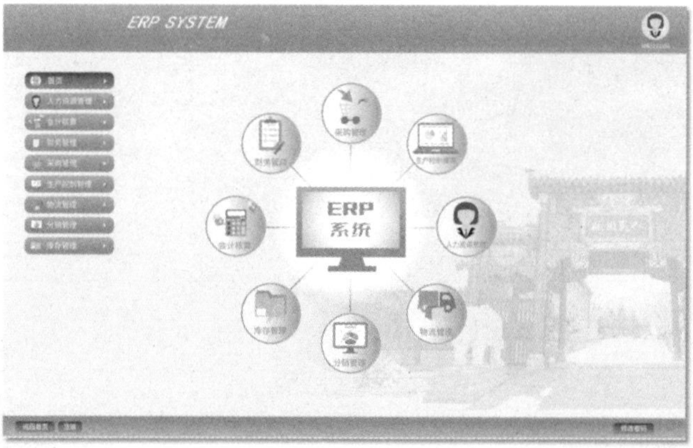

图7-1　国肽智慧工厂构建的ERP信息管理系统

小分子级的生物活性肽加工生产的科技含量较高，生产流程复杂，技术实现路径需要智能化加持。肽加工企业可以通过利用现代物联网技术和设备监控技术加强信息管理，对小分子活性肽生产过程中涉及的提取、脱脂、脱色、精滤、浓缩、杀菌、干燥、收粉、包装等程序进行全流程智能管控，提高生产过程的可控性，减少生产线上人工干预，及时正确采集生产线数据，以及合理编排生产计划与生产进度，同时，配合绿色智能的手段和智能系统等新兴技术于一体，构建一个高效节能、绿色环保、环境舒适的智慧工厂。

7.2 智慧车间的具体实施情况

国肽智慧车间可以根据市场实际需求，依据任务优先级原则，智慧化地编制相关生产计划，并实现指令下达、包装入库、完工统计等具体操作。车间管理人员实时监控生产过程中的所有生产信息和生产状况，并可根据不同状况做出实时调整，进而实现对车间从生产计划到具体实施的整个闭环控制，如图 7-2 所示。

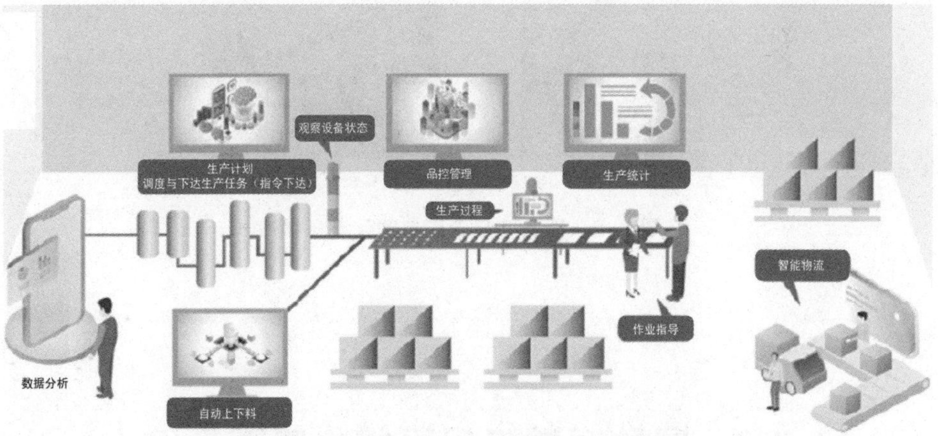

图7-2 车间从生产计划到具体实施的整个闭环控制

7.3 国肽智慧工厂自动化流水线

国肽智慧工厂引进多套自动化生产联动线，全线生产设备均可采用 PLC 及远程控制器，将设备运转信息、故障报警等上传至生产执行系统。例如，在生产前的处理流程中，设备清洗采用全自动 CIP（Clean In Place，原位清洗）在线清洗，气泡发生器、水流冲浪、水温自控均可通过 PLC 控制编程完成。此外，高温提取压力反应釜也采用了 PLC 编程，无级调速变频控制温度及时间，既提高了生产效率，也极大地降低了操作人员在具体操作过程中的失误概率，如图 7-3 所示。

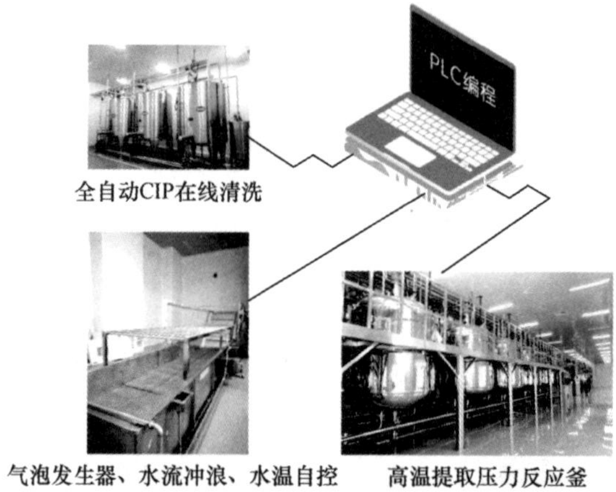

图7-3 国肽智慧工厂自动化流水线

7.4 国肽智慧工厂可视化管理系统

“可视化”管理不仅给车间管理、项目管理带来了便利，也在日常管控中发挥了不可估量的作用。国肽搭建的可视化管理系统由智能视频监控系统、智能安防 / 火灾报警系统、可视化监控系统、可视控制系统组成，如图 7-4 所示。通过智能视频监控系统，管理人员可以全面、实时掌控整个生产流程的情况，以实现高效调度、快速诊断和运营维护，促进人机协作发展。可视化监控系统实时采集设备参数、数控系统数据，实时展示生产、检测、装配和安全防火细节，一旦数据出现问题，系统将自动发出报警，使管理人员可在机器的可用性和生产率受到影响之前识别和解决问题，从而实现安全生产与高质量发展。

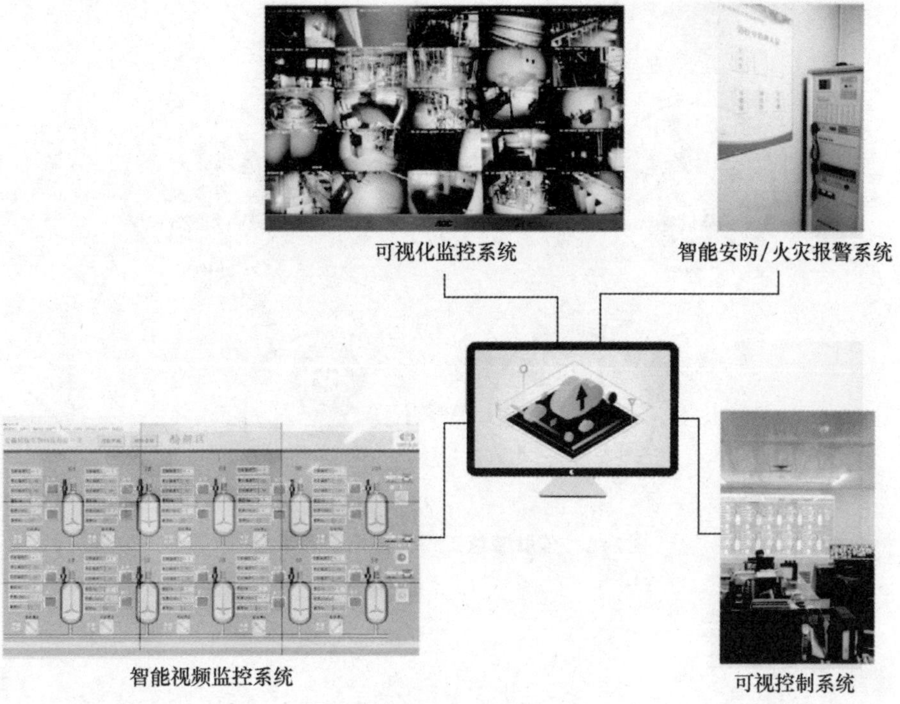

图7-4　国肽智慧工厂可视化管理系统

7.5　国肽智慧工厂大数据管理平台

国肽智慧工厂建立了大数据管理平台，在生产过程中的各节点建立了数字管理档案，并通过大数据采集、流通和实时反应，对数据进行建模、分析和优化，实现对海量数据的充分挖掘和利用，如实时采集设备状态数据，为生产提供设备各项参数；根据积累的设备新数据建立故障预测模型，对设备进行预测性、及时性维护，最大限度地减少设备的非计划性停机，有效实现过程优化，提升工作效率及产品品质，如图 7-5 所示。

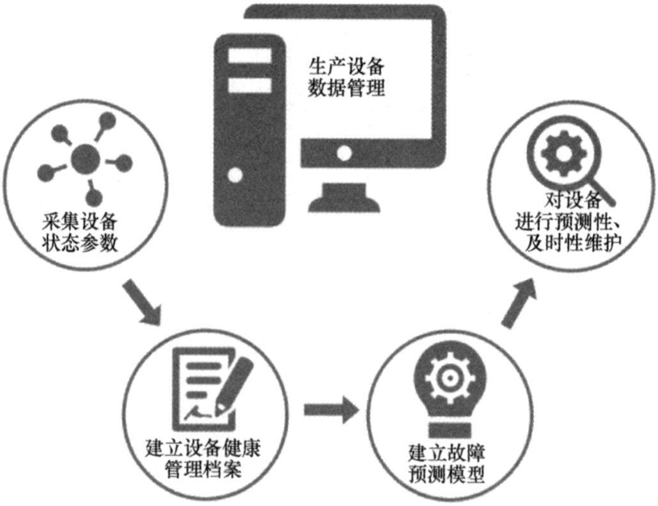

图7-5　国肽智慧工厂大数据管理平台

7.6　国肽智慧工厂供应链管理平台

国肽智慧工厂使用生产执行系统，上接 ERP 系统，下接现场 PLC、远程控制器、数据采集器、检测仪器等设备，如图 7-6 所示，从采购入库、生产加工、成品下线、仓储物流到消费者签收溯源，进行全流程、全链路的数字化追踪管理，有效促进了生产调度及协同配合。同时，为完善产品追溯的数据链，国肽还采用“3·15 防伪标识”，完善了柔性化、透明化、智能化、高效性、协同性工业标识，从源头到最终用户全程实现标识安全和溯源，从而降低了成本，提高了质量并加快了生产流程。

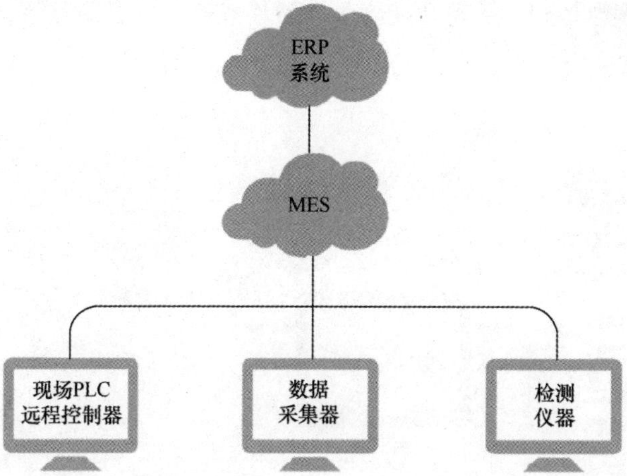

图7-6 国肽智慧工厂供应链管理平台

7.7 国肽智慧工厂智能出货系统

国肽智慧工厂智能出货系统由智能仓库、数字化传输系统、高速分拣系统和管理监控调度系统等部分组成，系统依托智能管理平台，对出入库输送、仓储、分拣、封箱、出货进行数字化管理，并将数据共享至物流和电子商务平台。出货管理人员通过数据即可对产品进行出库调配。同时，系统还可与国肽线上商城直接连接，消费者一键下单后，出货系统即进行统筹安排，根据消费者信息，就近、就急发货，在有效降低成本的同时，实现高效、迅捷出货，系统示意如图 7-7 所示。

在工业互联网背景下，企业基于智慧工业互联网平台及相关软硬件，可实现“内通—外联—上平台”的数字化、智能化转型，运用人工智能、物联网、大数据等新兴技术实现工厂智慧升级，以获得快速应对市场变化的能力，并最大限度提升生产效率并节省成本。具体实施路径要以数字化为基础，以网络化为支撑，以智能化为目标。企业通过物联网技术对工业制造过程中的人、物、环境和过程进行数字化改造，将数据通过网络实现价值流动，并进一步以数据为生产要素，以数据的智能分析为基础，实现智能决策和智能控制，以智慧化运营，从而创造更大的经济价值和社会价值。

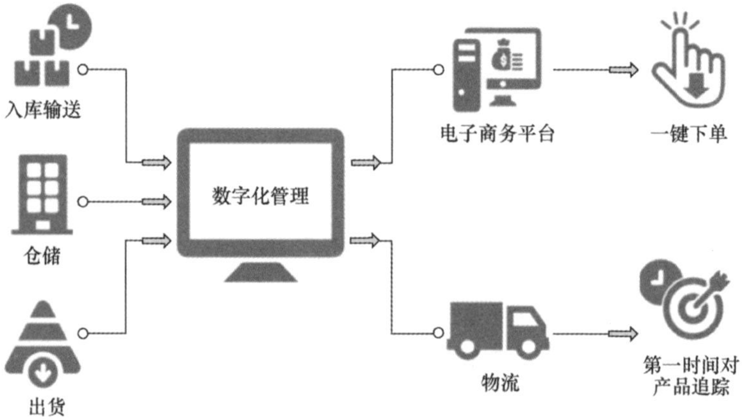

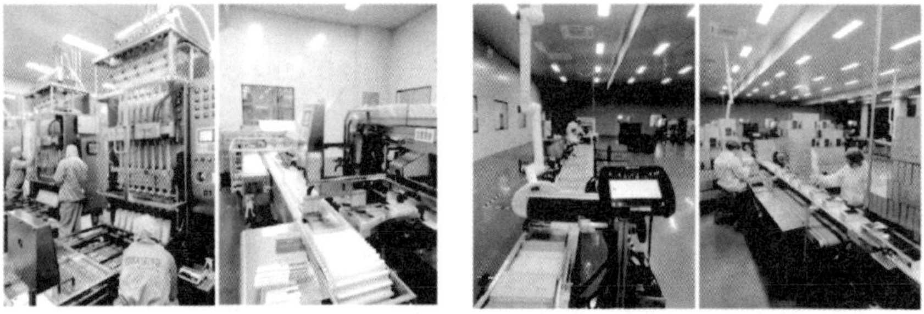

自动灌装系统　　自动分拣系统

图7–7　国肽智慧工厂智能出货系统

第8章

宇航新能源汽车MES解决方案

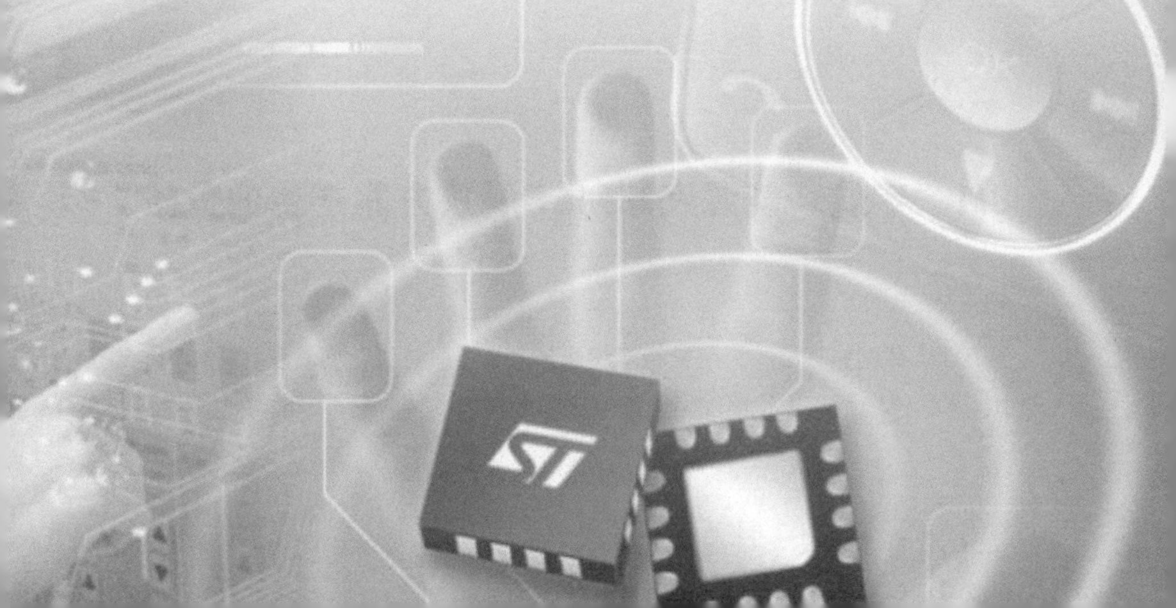

宇航股份经过12年的技术沉淀，自主研发、制造运营管理平台——U-infor（如图8-1所示）及MES、WMS、报表平台、智能物联管理平台、U-云等系列产品；同时，在MOM（Message Orieted Middleware，消息中间件）产品上深耕细作，旨在为客户提供从研发设计到生产制造的一体化解决方案。目前，宇航股份专注于新能源汽车、高科技电子、机械装备、医疗器械、智慧家居五大行业。

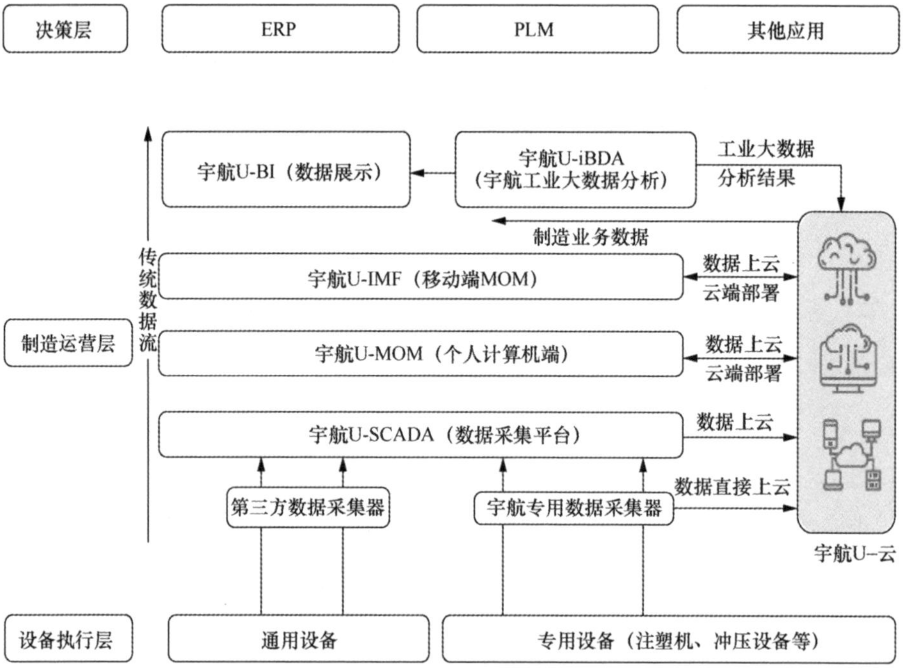

图8-1　宇航股份U-infor平台架构

8.1　宇航新能源汽车MES解决方案产生的背景

工业大数据的汇集，无疑给智能制造带来了很多资源，而汽车行业作为制造业中技术含量、智能化程度较高，产业集中度较高的代表行业，将成为智能制造重要的应用领域和突破口，将会带动整个产业链的转型升级。新能源汽车行业正加大推进与大数据的有机融合，努力成为高端化、智能化、生态化的新型汽车行业集群。

作为我国汽车行业转型升级的重要战略方向，新能源汽车是新一轮科技革命的重要载体，与传统的汽车行业信息化相比，新能源汽车的信息化建设有更高的要求——既要为新能源汽车的设计、生产、制造构建安全稳定的基础环境，还要结合智能化和数字化的新兴信息技术，为新能源汽车的业务模式创新提供动态灵活的技术支撑。

作为领先的工业互联网解决方案提供商，宇航股份在新能源汽车领域具备独特的先发优势，凭借在多个项目实施中沉淀的雄厚技术实力，宇航股份不但能够提供基于战略和业务的数字化转型咨询规划以及基于基础架构的数据中心的咨询、规划、建设和运维的一体化解决方案，也能够为新能源汽车行业内企业量身定制完整的解决方案。

宇航新能源汽车MES解决方案，采集生产过程中的质量数据、设备数据、工艺数据、物料数据、检测数据等，为新能源汽车大数据分析平台的建立提供数据支持，在数据基础上提炼有效信息，进而转化成知识、智慧，真正实现用数字定义企业，实现新能源汽车行业的智慧化转型的目标。

8.2 宇航新能源汽车MES解决方案实施

宇航新能源汽车MES解决方案针对电池、电喷、电机、电源、发动机、线束、变速器及整车等制造的不同的生产要求，构建了一套集生产控制和企业级系统功能于一体的完整生产执行解决方案，具备较强的可追溯性。这套方案可以为企业提供工单管理、物料管理、生产管理、质量管理、设备管理、工艺管理、实时数据库管理、工厂数据集成分析、产品规范管理等主要功能，帮助企业打造新能源汽车行业智能化工厂，建立全价值链的协同制造管理平台，方案的功能模块如图8-2所示。

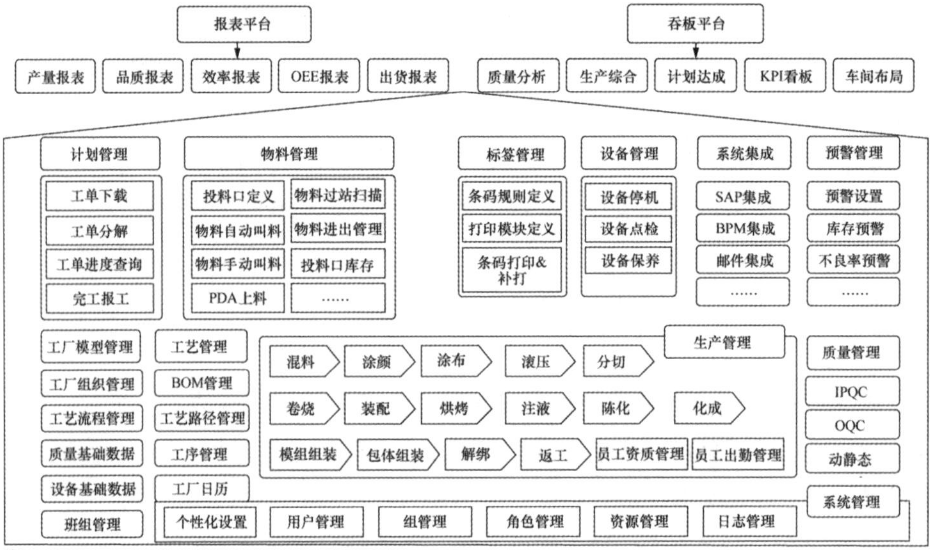

注：
① OEE（Overall Equipment Effectiveness，设备综合效率）。
② KPI（Key Performance Indicators，关键绩效指标）。
③ BPM（Business Process Modelling，业务流程建模）。
④ IPQC（Input Process Quality Control，制程控制）。
⑤ OQC（Outgoing Quality Control，出货品质管制）。
⑥ PDA（Presonal Digital Assistant，个人数字助手）。

图8-2　宇航MES功能模块

1. 方案实施概述

截至目前，宇航股份为比亚迪数字化工厂实施了以下案例，如图8-3所示。

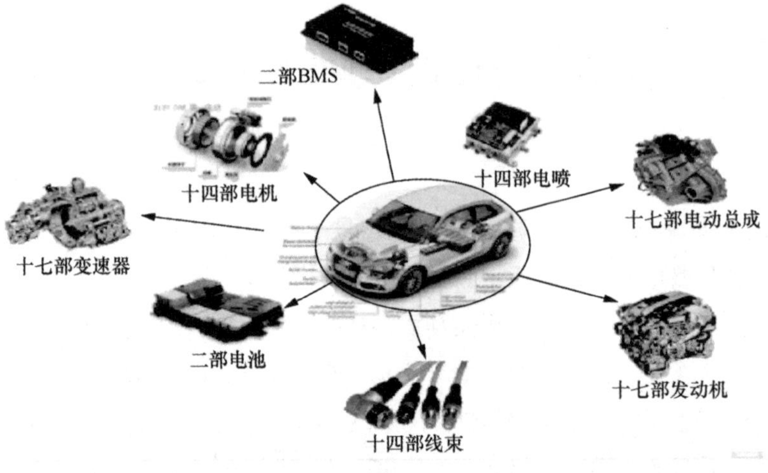

图8-3 宇航U-infor MES平台在比亚迪的应用

其中，比亚迪十四部电喷工厂、十七部发动机工厂、十七部变速器工厂、十七部电动总成工厂均采用宇航股份自主研发的U-infor MES平台，成功上线。

未来，宇航新能源汽车数字化工厂解决方案预期将应用于更多工厂，有效助力新能源汽车行业内企业实现智慧化升级。

在目前已实施的项目中，这套解决方案的共同关注点包括：生产过程可视化、质量监控可视化、工艺参数可视化、集成生产及设备检测、柔性生产、高效物料拉动、装配防错、产品质量的全过程跟踪与追溯、多系统协同工作等。

2. 方案技术特点

宇航新能源汽车 MES 解决方案的技术特点概括如下：

① 扩展性，可以支持多个工厂，具备对整个事业部或一个工厂多于两个生产基地的层级方式设置功能；

② 容灾容错性，确保现场设备数据采集的完整性及高可用性，减少数据库压力和客户端压力，提高实时响应的效率，更好地提升用户体验；

③ 开发语言为通用语言，确保后续的可维护性与兼容性；

④ 数据归档，随着系统上线时间的增长，为了确保系统的稳定性，减少系统查询压力，可以将部分数据归档到历史数据库中，最大程度地减缓查询压力；

⑤ 自动化生产线接入MES生产信息化管理系统，实现各类通信接口协议的良好交互，并整体考虑解决方案，提高扫描率，保证数据100%采集；

⑥ 产品工艺复杂，实现各工序电子化SOP。

3. 方案实施方法

宇航新能源汽车MES解决方案通过规划、实现、服务3个阶段，破解MES各阶段困境，实现系统价值，依托项目实施方法论，从战略高度保证项目落地，实施过程注重现场情况，关注用户体验和产线效率，重视现场实战演练。

4. 方案优势

（1）支持生产全过程的可追溯

方案建立产品生产全过程“材料—制片—装配—注液—化成—电芯—模组—包体”的完整计划执行流程。

（2）支持工艺参数及设备参数的监控

方案帮助企业掌握全部关键工艺参数，同时通过构建各个车间的设备集成与采集，实现透明化管理，并实时反馈生产进度数据。

（3）支持完整的产品质量管理体系

方案包括信息化质量检测管理流程，系统运用大数据分析技术，构建“数据—信息—知识—价值”知识体系，建立经验教训知识库，实现知识共享。

（4）实现多系统集成

MES解决方案与WMS、ERP系统、PLM系统等系统集成，实现计划与生产的协同，保证物料拉动生产、自动叫料以及工艺路径的实时性。

（5）实现柔性化生产

方案支持多线生产和混线生产，一个订单在多条生产线生产，一条生产线可以同时生产多种相似工艺的产品。

（6）无纸化生产

方案帮助企业实现无工序卡、无检测信息录入等环节，员工直接在MES中录入或通过设备数据采集器直接采集数据，相关人力和资金成本得到了大幅降低。

参 考 文 献

[1] 李杰．工业大数据:工业4.0时代的工业转型与价值创造 [M]. 邱伯华,译．北京: 机械工业出版社，2015.

[2] 刘士军．工业 4.0 下的企业大数据 [M]. 北京: 电子工业出版社，2016.

[3] 张浩，樊留群，马玉敏．数字化工厂技术与应用 [M]. 北京: 机械工业出版社，2006.

[4] 辛国斌,田世宏．国家智能制造标准体系建设指南（2015 年版）解读 [M]. 北京: 电子工业出版社，2016.

[5] 王晨，郭朝辉，王建民．工业大数据及其技术挑战 [J]. 电信网技术，2017（8）: 1:4.

[6] 郑树泉，覃海焕，王倩．工业大数据技术与架构 [J]. 大数据，2017，3（4）: 67−80.

[7] 黄靖丽．三维数字化技术在数字化工厂的应用 [J]. 中国管理信息化，2018（1）55−58.

[8] 李世杰，张艳蕊．数字化车间的构建策略 [J]. 机械设计与制造，2009（09）: 250−252.

[9] 辛红雨．数字化制造车间体系结构、功能模型与关键技术 [J]. 现代大都市建设与科技创新，2010 : 277−281.

[10] 朱彭生，严隽琪，范秀敏．虚拟车间对象建模与数字表达 [J]. 机床与液压，2002（6）: 107−109 .

[11] 丁露，王成城．数字化车间术语及通用技术要求标准研究和试验验证 [J]. 中国仪器仪表，2016（11）: 35−36.

[12] 艾武，刘家福，王洪海，等．虚拟车间三维仿真环境的构建技术 [J]. 计算机工程与应用，2003（9）.

[13] 吴修德，李刚炎，刘诏书．车间数字设备集成控制系统的研究 [J]. 微计算机信息，2007，23（9）: 17−24.

[14] 杨雨标．基于 Vega 的虚拟工厂快速构造研究 [D]. 广州: 广东工业大学，

2004：05.
[15] 李文成，苗会贤． 机加工行业数字化（智能）车间的研究与设计 [J]． 济源职业技术学院学报，2015（3）.
[16] 何疌舟，蔡辉，李波．基于军工制造特点的数字化车间系统构建 [J]. 中国管理信息化，2014（17）.
[17] 周娟．冲压车间制造执行系统的设计与研究 [J]．机械研究与应用，2015,（28）：189-191.
[18] 张宏兵．数字化制造车间集成管理系统研究与设计 [D]. 南京：南京理工大学，2010.
[19] 中国电子技术标准化研究院．工业物联网白皮书（2017 版）[R]．2017.
[20] 中国电子技术标准化研究院．工业大数据白皮书（2019 版）[R]．2019.
[21] 工业互联网产业联盟．工业互联网体系架构（版本 1.0）[R]．2016.
[22] 白景卉，陈忠贵，李愈馨．数字化制造车间标准体系研究 [C]．2010：70-75.
[23] 工业互联网产业联盟．工业互联网体系架构（版本 2.0）[R]．2020.